裁判所書記官の情報整理メソッドから
生まれた“スピード思考整理術”

その場で言語化できるメモ

元裁判所書記官
佐野雅代

サンマーク出版

急に質問されて、
ここまで出てきているのに
言葉が出ない。
よい考えがあるはずなのに、
うまく説明ができない。

自分には、そんなことが
たくさんありました。

何か言いたいことが
あったはずなのに。
すごくよいアイディアが
浮かんでいたはずなのに。

いくらよいことを考えても、
言葉にしないと、相手にはわかりません。

「意見がないならいいよ」と
二度と意見を求められなくなったり、
友人たちが、楽しそうに意見を
伝え合っているのを見ながら、
「自分は頭が悪いんじゃないか」
「人間関係が苦手なんじゃないか」
と落胆していました。

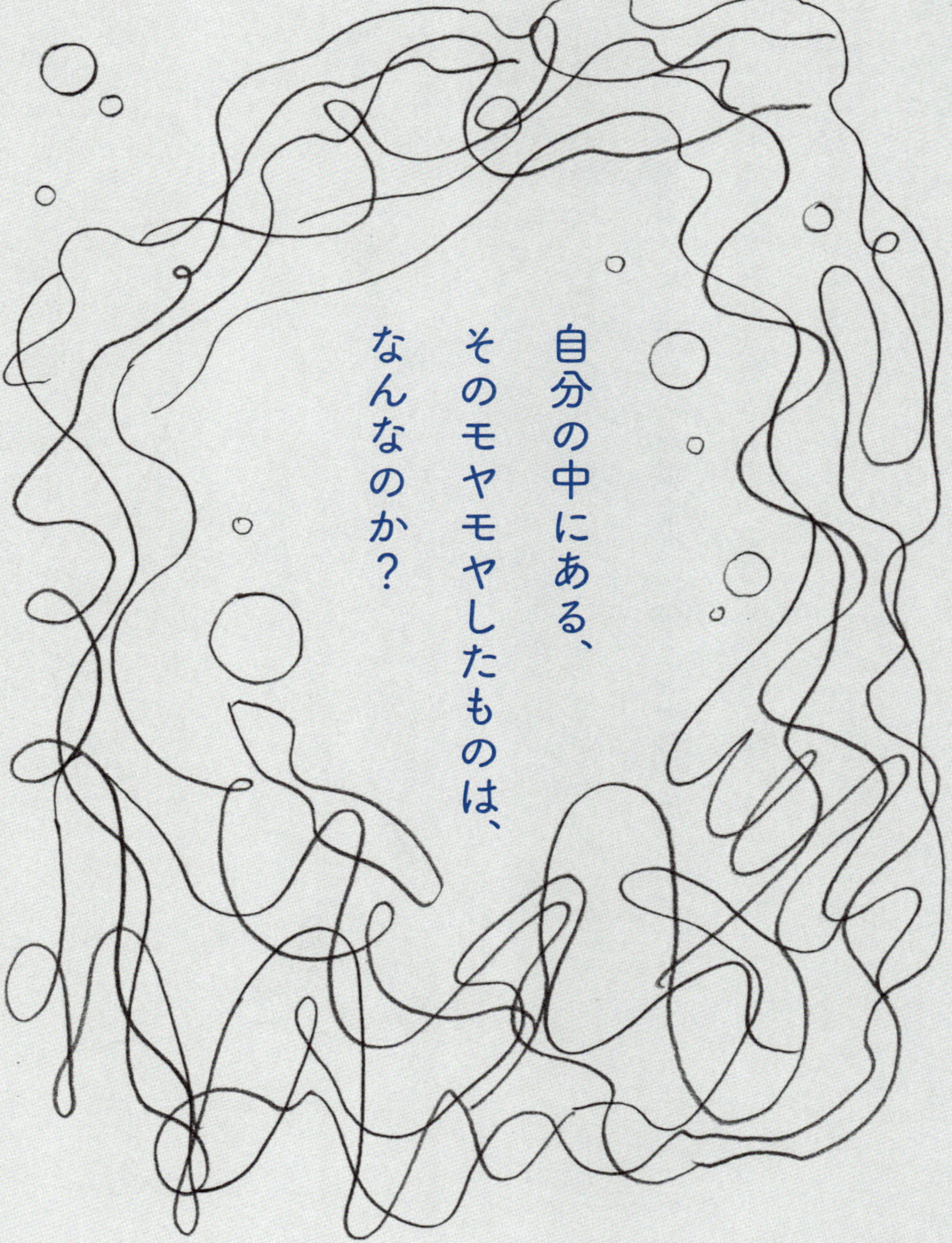

自分の中にある、
そのモヤモヤしたものは、
なんなのか？

深く潜ってみると、
過去の経験、自分の感情、目の前で起こっていること、
誰かの意見、その場への配慮など、様々なものが混ざっています。
それも誰かが何かを言ったり、違う状況が出てくるたびに、
また様々なことを考えてしまって、
ますます意見が出なくなります。

色々なことが
こんがらがって、
言葉にならない。

「言いたいけど、
言葉にならない」
の正体は、
こんな感じに
なっていると思います。

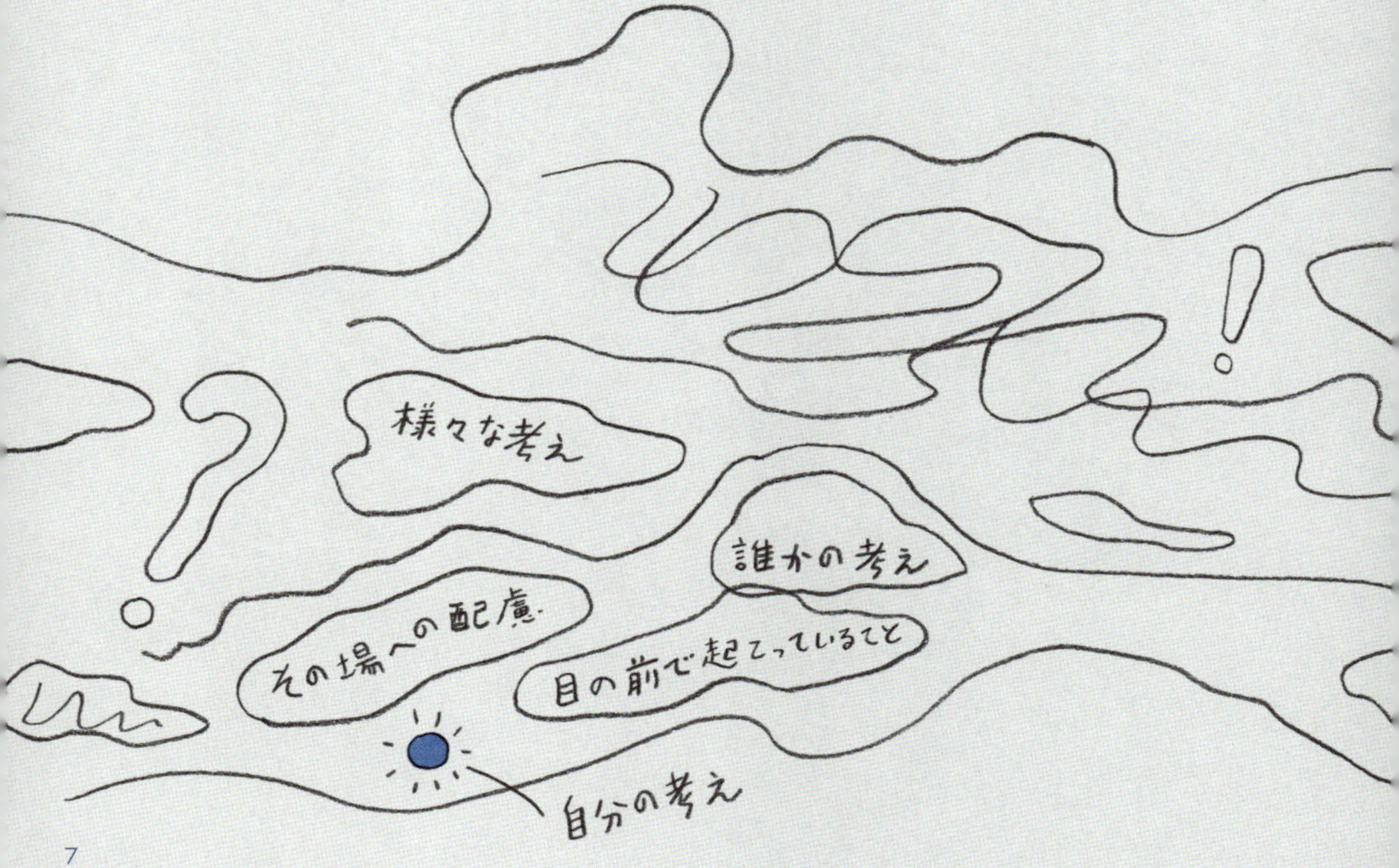

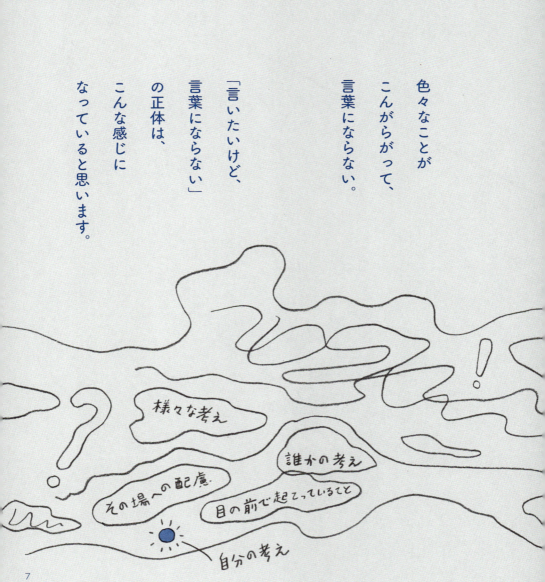

それをシンプルに
すっきりさせる方法。
そのヒントは、たった1本、
線を引くこと。

目の前で起こっていること

その場への配慮

様々な情報

誰かの意見

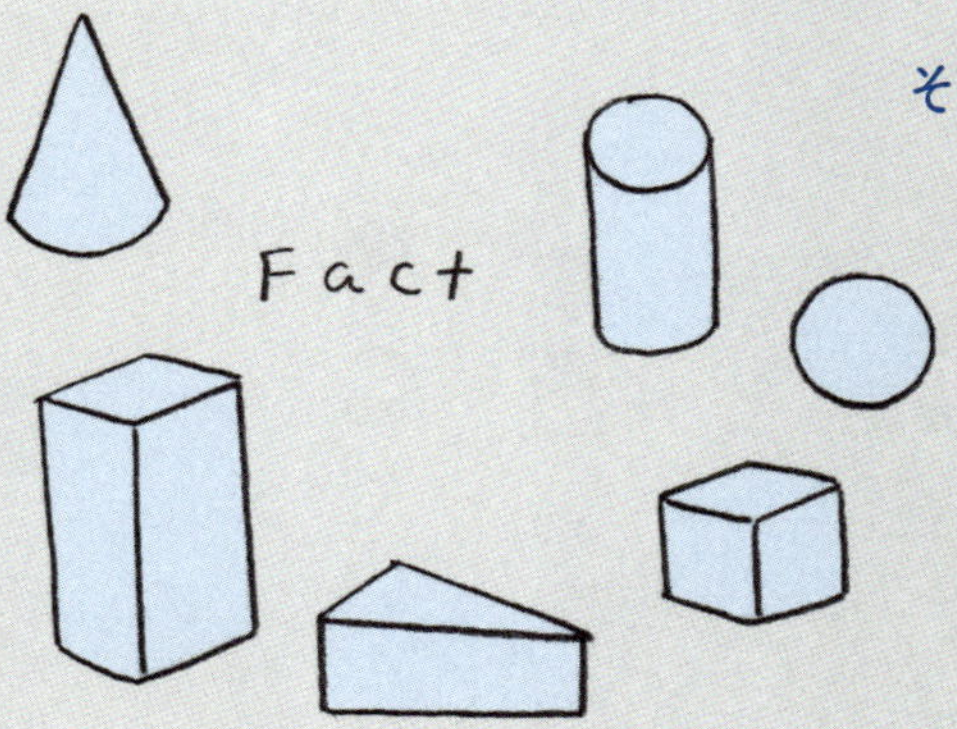

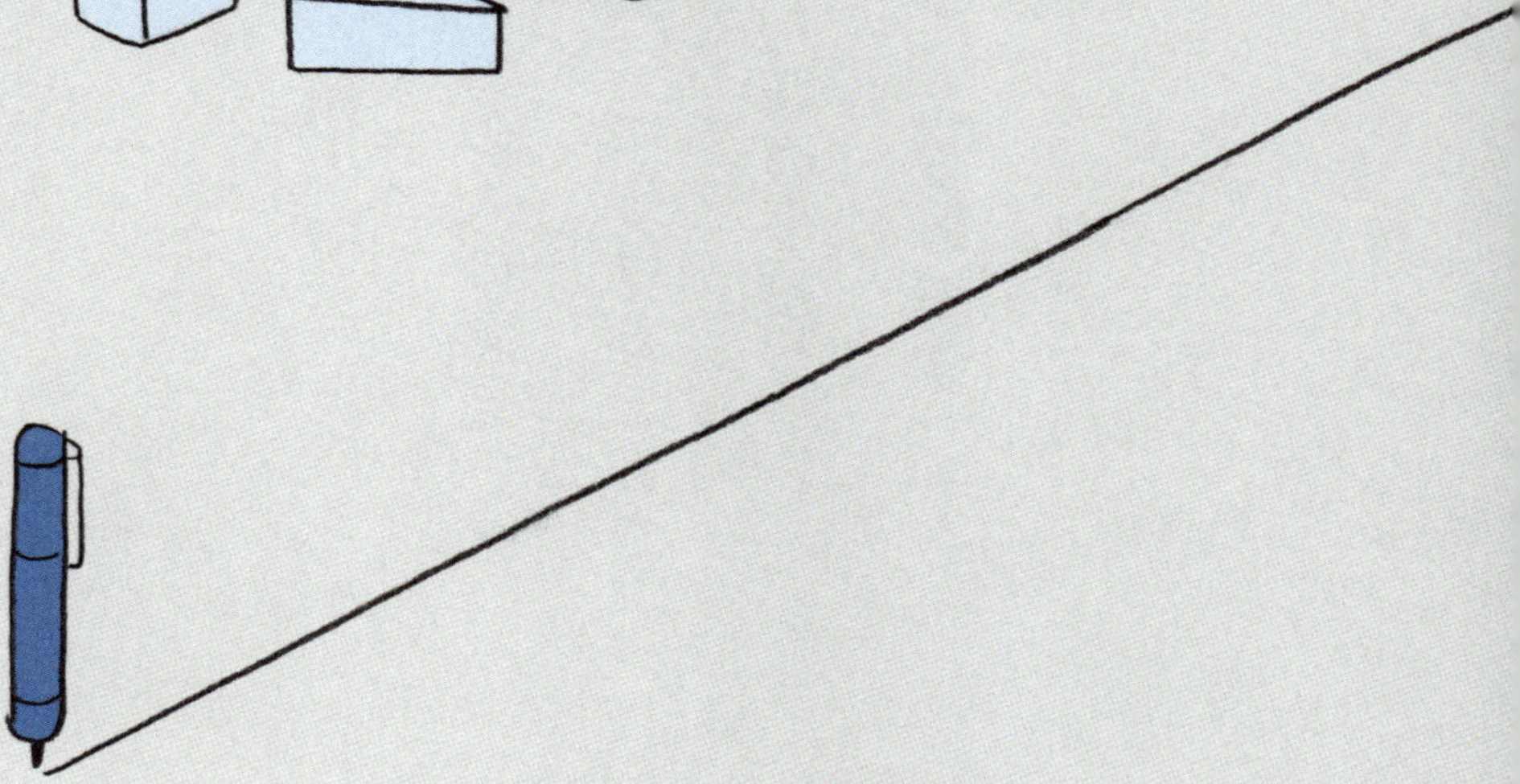

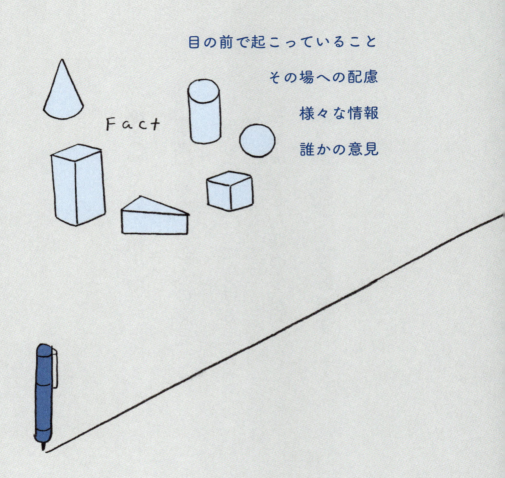

絡まっていた頭の中を
「事実」や「他の人の意見」と
「自分の考え」に分けることで、
モヤモヤした頭の中が
はっきりしてくるのです。

裁判所書記官の経験から生まれた
「言葉にする」ためのメモを
紹介します。

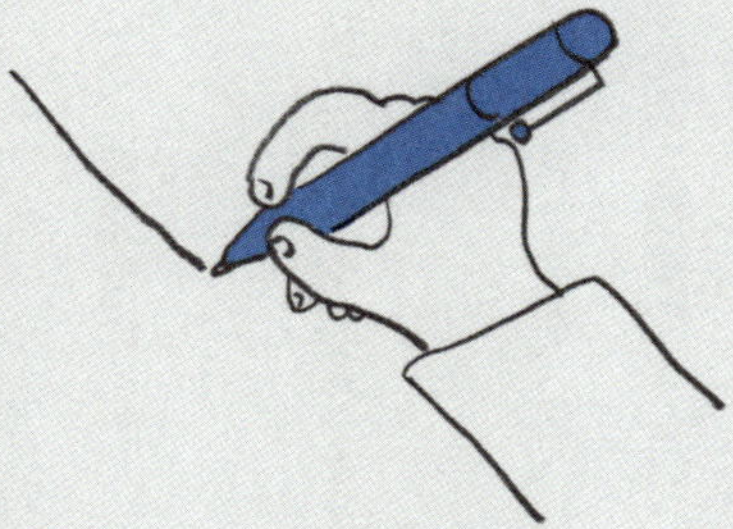

はじめに

会議で発言を求められたとき、意見やアイディアがあるはずなのに、うまく言葉にならない。

プレゼンや面接の場で、自分の考えや熱意をうまく表現できず、せっかくのチャンスを逃してしまう。

SNSやブログで、読んだ本、見た映画、聞いた音楽について共有したいのによい言葉が浮かばず、結局何も投稿できない。

上司や同僚、パートナーや子どもへのイライラ、何が問題なのか言葉にできず解決できない。

あなたには、そんな悩みがありませんか？

急に質問されたり、何かを見聞きしたとき、そこには確かに自分の想いがあるはずなのに、それらは頭の中でモヤモヤしているだけ……。

なぜ言葉にならないのでしょうか？

「言語化」できないと仕事も人生も損をする!?

私は、裁判所書記官といって、裁判の法廷に立ち会ってメモを取り調書にまとめる仕事をしていました。

その後、出産・子育てを機に英語教育に携わるようになってからも、教材の作成、SNSやブログ、動画シナリオ、プロモーションメールなど様々な文章を書き、ライティング講座も開いています。

実は、そんな私は、話すことにとても苦手意識がありました。

子どもの頃は、話すことが苦ではないどころか人前に出ることが好きだったはずなのに。大人になるにつれ、人間関係も複雑になっていったからでしょうか。話したことが思ったように伝わらず、相手に誤解されたり、怒らせてしまったり、評価されなかったり。そんな残念なあれこれが積み重なるうちに、話すことに慎重になっていきました。

想いをうまく言語化できない理由には、様々なものがあると思います。

たとえば、頭の中が整理できなくてまとまらなかったり、周囲の人に配慮するあまり伝えたいことからズレてしまったり。

私の場合は特に、「もっと情報を集めてから」「もっと考えてから」「相手の気持ちも汲んでから」と、頭の中の情報が増えれば増えるほど、自分が本当に思っていることがわからなくなることがありました。そして、結局、タイミングを逃して言わないまま、それでもその場はなんとなく済んでしまう。むしろ言葉に出さないほうが、他人との間に波風が立たなくてラクかも……と考えるようになっていった気がします。

でも**言葉にできないと、自分を認めてもらうチャンスを失います**。

ある会議で議事録を取っていたとき、上司から急に声をかけられました。

「佐野さん、ちゃんと書き取っていてすごいね。それで君はどう思う？」

突然、振られた私は、頭が真っ白になって、

「えーっと、そうですね……。Aさんはこう言っていて、Bさんはこう言っていますよね……」

と、メモをただ読むだけで、自分の意見がパッと出てきません。そのうち話も振られなくなり、ただの書記扱いになってしまいました。

うまく自分の考えを伝えられなかった。

それだけで、チャンスを失ってしまったように思いました。

同僚や先輩とのランチ、友人との雑談、セミナー参加者との懇親会など、明確な目的のない会話はさらに苦手でした。

あの人に会ったら話そうと思っていたことはあるはずなのに、うまく言葉が出てこない。他の人たちは次々と話題が出てきて、意気投合して、そこからイベントの企画や新しいプロジェクトなどへつながったりもしているのに。私はなかなか人と打ち解けられず、そこから先の発展もない。

想いを言葉にできないために、仕事だけでなく人生レベルでもだいぶ損をしてきてしまったように思います。

「考えていない」のではなく、「言葉にできない」

こうした思いをするたび、「なんで自分はいつもこうなんだろう?」「語彙力が足りないのかな?」「頭悪いのかな?」……と何度も落ち込みました。

しかしゆっくり時間をかけ、紙に書き出せばちゃんと言葉は出てきます。

そう、いつもすぐに言葉が出てこなかったのは、考えていないのではなく、頭の中がごちゃごちゃしていて、そこから何を取り出して、どう伝えればよいのか、とっさに判断できないだけだったのです。

言語化の鍵は「1本の線」だった

でも、思いついたことをただ書き出すだけでは、頭の中の「ごちゃごちゃ」が紙の上に見えるようになっただけです。どうしたらそのモヤモヤしたものをきちんと言葉にできるのか、ずっと試行錯誤をしていました。

するとやがて、意外なところからヒントが出てきました。

それは、私が裁判所書記官の仕事で使っていた、メモです。

多くの書記官は、メモの真ん中に線を1本引いて紙を縦長に使っていました。そうすると、手の左右の動きが小さくなって速く書けるし、縦のラインがそろうことで情報も見やすくなるからです。

さらに、紙を左右に分けることで、法廷に立ち会う書記官や裁判官に特有の思考回路——**「事実と判断を分ける」**がリンクしました。

裁判所は、民事、刑事、家事などいろいろな種類の事件を扱っており、中には複雑な事件もたくさんあります。ですが、やっていることは意外とシンプルで、まずは「事実」を認定して、それに法律を適用して「判断」する、それだけなのです。

そこで、メモに線を1本引いて、左に「事実（他の人の意見も含む）」、右に「自分が考えたことや感じたこと」を分けて書いてみました。

すると、ぐんと頭の中が整理されやすくなり、自分の想いや考えを言語化できるようになったのです。

「1本線メモ」が私の人生を変えた！

線を1本引いてメモを取るようにしてから、職場での私は徐々に周囲に評価されるようになっていきました。

たとえば、ある会議でちょっと気になった上司の雑談の内容をメモして、自分の考えをまとめながら問題点を言語化し、職員研修の企画として提案したところ、上司にとても褒められ、その年の勤務評定で最高評価を受けることができました。その後も、自分のまとめた企画案やアイディアが次々と採用されるようになりました。

自信がついた私は、自分のアイディアを形にし起業することを考えるようになりました。

最初は、家族にうまく自分の熱意を伝えられず、猛反対されるばかり。それが変わったのは、「1本線メモ」を使ってしっかり自己分析し、ビジネスへの想いや計画を明確に言葉にして伝えることができたからです。最終的に、家族は私のやりたいことを認め、応援してくれるようになりました。

起業後は、書記官時代よりさらに、メモでの「言語化」が役立つようになりました。メモを使って気になったことやアイディアを言語化することで、

・100～150人規模のイベントやセミナーを開催

・定期的に講師依頼を受けるようになる

・教育委員会でプレゼンし、公立小学校での出前授業の依頼を受ける

など、それまでの自分からは考えられないくらい、次々と人前で話す仕事が舞い込むようになったのです。

仕事だけではありません。家庭や人間関係のモヤモヤも、メモで気持ちを書き出し言語化することで、ぐっと改善しました。

「この方法は子どもの学習にも使えるのでは？」と思った私は、娘（小学2年生）の自由研究にも活用しました。するとなんと「調べる学習コンクール」の地方大会で審査員特別賞に、全国大会でも佳作に入選したのです。

頭の中だけでぐるぐる考えるのは、もう終わりにしよう！

メモにたった1本線を引いただけ。

それだけで、こんなに自分の人生は変わりました。

今、私のワークショップでは、会社員の方や、パートの主婦の方、看護師や法律事務所の事務員の方など、特段書くことや話すことのプロではない普通の方たちが、数時間で効果を実感してくれています。

難しいことは何もないのです。かつての私がそうだったように、頭の中でただぐるぐる考えていても相手には伝わりません。想いを言葉にするには、紙に線を1本引いて、とにかく書いてみること。

それだけで、あなたもあの「言葉が出ない」もどかしさから解放されて、自分の想いを伝えられるようになるはずです。

第2章 1本の線を引けば その場で言語化できる

第3章

学んだことを言語化して自分のものにする

第4章

1本の線で自分の考えや気持ちをまとめる

第5章 伝わる言葉にする技術

装丁　森敬太（合同会社飛ぶ教室）
本文・図版デザイン　荒井雅美（トモエキコウ）
イラスト　須山奈津希
DTP・図版作成　有限会社天龍社
校正　ペーパーハウス
編集協力　今村知子
企画協力　長倉顕太・原田翔太
編集担当　多根由希絵（サンマーク出版）

第1章

「1本線を引いてメモする」と何がいいのか

Tips01

「言葉にできない」＝「知識がない」わけではない

世の中は情報であふれています。スマホやパソコンを開けば、動画もニュースも誰かの意見も、とめどなく流れてきます。様々な情報を否応なく目にしていると、もはや、それが本当に自分の知りたいことなのか、必要なことなのか、わからなくなってきてしまう感覚すらあります。

さらに、私たちの頭の中にはすでに、誰かから学んだこと、本や映画などの内容、過去に自分で経験したこと、感じたことなどが、ごちゃっとしまい込まれています。

「○○については、あんなデータがあったような。でもあの有名人はこんな話をしていたな。私の体験としてはまたちょっと違うんだけど……」

頭の中にある様々な情報から自分の言葉を取り出そうとしても、絡み合って、なかなか出てきません。

こんなとき、言葉が出てこないのは知識がないせいだと思って、さらに新たな情報を探したりする人もいます。けれども、何かを足せば足すほど、余計に何が言いたかったのかわからなくなってしまいます。

その理由は、足りないからではなく、本来なら「ある」はずの自分の想い

や考えを、ちゃんとした形で引き出せていないからではないかと思います。

要するに「ない」から言えないのではなく、整理ができていないだけなのです。

「言葉が出ない」のではなく「整理ができていない」だけ

あなたは、こんまりさん（近藤麻理恵さん）の『人生がときめく片づけの魔法』という本をご存じでしょうか？

私がこの本を読んだとき、「言語化」もある意味、片づけによく似ているなと感じました。

こんまりさんのメソッドでは、一度、同じ種類のものをすべて集めて見えるようにし、そこからときめくかどうかで取捨選択をして整理していくことで、部屋がスッキリ片づいていきます。

言語化も同じで、一度、情報を頭の中から出して、コミュニケーションの目的に応じて整理していくことで、ようやくスッキリわかりやすく伝えられるようになります。

言葉が出てこない原因の大半は、「素材（情報）」が足りないからではなく、この「整理」がうまくできていないからなのです。

この本では、「言語化」＝「想いを言葉にする」とは、**「コミュニケーションのための素材を集めて整理すること」**であると考えて、まとめていきます。

相手とのコミュニケーションだけでなく、
自分とのコミュニケーションにも「言語化」が必要

「言語化」の目的には、

①相手とのコミュニケーションのための言語化
②自分とのコミュニケーションのための言語化

の2種類があります。

まずは、相手とのコミュニケーションのための言語化について説明していきます。

図1-1　そもそも「言語化」とはどういうことか？

言葉とは「コミュニケーション」のツール
言語化とは「コミュニケーション」のための
素材（情報）を「集めて」「整理する」こと

素材（情報）を集める → 素材（情報）を整理する →

相手とのコミュニケーション
- メールで用件を伝える
- 議事録、報告書
- 会議で発言する
- 企画書、プレゼン
- SNS の記事　など

自分とのコミュニケーション
- 問題や課題を解決する
- アイディア出しをする
- イライラ、モヤモヤを解消する
- スケジュール管理　など

Tips02

相手とのコミュニケーションのための言語化

言語化とは「うまい言葉」を使うことではない

今、多くの「言語化」の本が出ています。なかにはコピーライターやコンサルタントが著者となっているものもあり、「自分の想いをいかにうまく言葉にするか」ということに重きが置かれているものが多いように感じます。

でも、日常のコミュニケーションにおいては、言葉のプロが扱うような「うまい言葉」は必ずしも必要ありません。それよりもむしろ**「何を伝えるか」という中身の部分をしっかり整理することのほうが大事**です。

ある友人が新入職員だった頃、会議の後に先輩に質問したときのことです。

「さっきの会議で『コンセプト』という言葉が何度か出ていましたが、どういうことだったのでしょうか？」

先輩は、「コンセプトは、アイディアの種みたいなものだよ」と、一言答えて去っていってしまいました。

(アイディアの種ってどういうこと？　今日の会議でなぜそれが必要で、どうやって考えたらよいかも知りたかったんだけどな……)

先輩としてはうまい言葉で端的に言語化したつもりだったのかもしれませんが、質問に答えてもらえなかった友人には、なんとも言えないモヤモヤと不満が残ったそうです。

このように、一見うまい言葉のやりとりがされたように見えても、必要な情報が伝わっていなかったり、質問したことに十分答えていなかったり、コミュニケーションの目的が果たされていなければ、うまく言語化ができたとはいえません。

大事なのは「どう伝えるか」よりも「何を伝えるか」

一般社団法人日本ビジネスメール協会による「ビジネスメール実態調査2024」でも、仕事で不快に感じたメールの内容として、「必要な情報が足りない」が第1位に挙げられています。

つまり、失礼がないか、文章が読みやすいかどうかといった「伝え方」よりも、「何を伝えるか」という素材の部分が不十分だと、相手はより不快に感じるということです。

いくら伝え方を磨いても、前段階である「何を伝えるか」の情報が十分整理できていなければ、わかりやすく人に伝えることはできないし、伝えたところで薄っぺらだと思われてしまいます。

Tips03

自分とのコミュニケーションのための言語化

自分の内側の言葉がわからなければ、幸せになれない

世の中に出ているコミュニケーションの本の大半は、他人とのやりとりを目的にしています。

もちろん、他人とのコミュニケーションがうまくいけば、それだけでも人とつながれる喜びや安心感が得られます。コミュニケーションが上手であれば、仕事がうまくいって達成感や充実感を得られることもあるでしょう。

でも、たとえ仕事がうまくいって人から高く評価されていたとしても、それが自分の意思ではなく無理やりやらされている感覚があったらどうでしょう。もしくは、忙しすぎてストレスがかかりすぎていたとしたら、それが果たして本当に幸せといえるでしょうか。

神戸大学社会システムイノベーションセンターの西村和雄特命教授と同志社大学経済学研究科の八木匡教授の研究によると、**所得や学歴の高さよりも「自己決定できること」のほうがより幸福感を高めることにつながっている**のだそうです。

私自身の経験でも、自分の意思で仕事のやり方や人との付き合い方を決め

られたり、時間の使い方を自分でコントロールできるなど、「自分で決めている感覚」があることこそが、人生レベルで見たときの本当の幸せや満足感につながっているように思います。

そして自己決定をしていくためには、自分とのコミュニケーションが欠かせません。

つまり、自身の行動や感情を書き出して、自分と対話しながら整理することで、自分の本当の気持ちや考えを言語化し、感情をケアすることができます。

本書では、他人とのコミュニケーションのためだけでなく、自分とのコミュニケーションのための言語化のプロセスについても説明していきたいと思います。

Tips04

1本線を引くのがなぜいいのか？

本書では、1本線を引いてメモすることで言語化する方法を紹介します。

では、「1本線メモ」の何がそんなによいのでしょうか？　ここでは、

①なぜ「書く」ことが必要なのか？
②なぜ「分ける」のか？
③なぜ「2分割」なのか？

の3つの理由を説明していきたいと思います。

①なぜ「書く」ことが必要なのか？

答えはシンプルで、「**人は見えないものを整理することが難しいから**」です。

先ほど挙げた『人生がときめく片づけの魔法』の例でいうと、服なら服で、なんとなくたんすやクローゼットにしまってあるものをいったん出して「見える化」するからこそ、この服はときめくから取っておこう、こっちの服はそうでもないからもう捨てよう、と整理することができるわけです。

言葉も同じように、整理するためには、まず「見える化」の作業が必要で

す。メモを書くことによって、頭の中でぼんやり感じたり考えたりしていたことが、いわば強制的に言葉になって「見える化」されます。それによってようやく、今、言わなくてはならないこと、考えなければならないことの道筋が見えてきます。

②なぜ「分ける」のか？

今や「ロジカルシンキング（論理的思考）」の重要性は広く知られており、私自身も大学のゼミや職場の新人研修などで習いました。そこで教えられたのは、ロジカルシンキングの第一歩は「分けること」であるということです。「分ける」ことは、「分かる」という言葉の語源でもあります。混沌としている物事をきちんと分けて整理するからこそ、それが一体何なのか、どうしたらよいのかが明確になっていきます。

仕事ができる人は、普段からきちんと分けて仕事を進めていますよね。
スケジュールについて、今やるべきこととそうでないことを分けているから集中して仕事ができます。考えなければいけないことと、そうでないことをきちんと分けられるから、適切な判断ができます。

「頭がいい人」のノートは分割してある

実際に、情報を分けることで思考を整理するツールはたくさんあります。SWOT分析などのフレームワークを見たことがある方もいるかもしれませんが、世界的なコンサルティング会社である、マッキンゼーやBCGなども、情報や思考を整理するための独自のフレームワークを持っています。

また、有名な大学のノートの書き方でも、情報を分割して書くことを推奨するものがあります。

たとえば、アメリカの名門校として知られるコーネル大学の「コーネル式ノート」。これは、①授業で聞いた内容を書く場所、②あとからキーワードや疑問を書く場所、③復習として要点をまとめる場所、とノートを3分割にしています。このフレームに沿って書き込むことで、ノートの内容や要点が一目でわかるようになります。

図1-2　**コーネル式ノート**

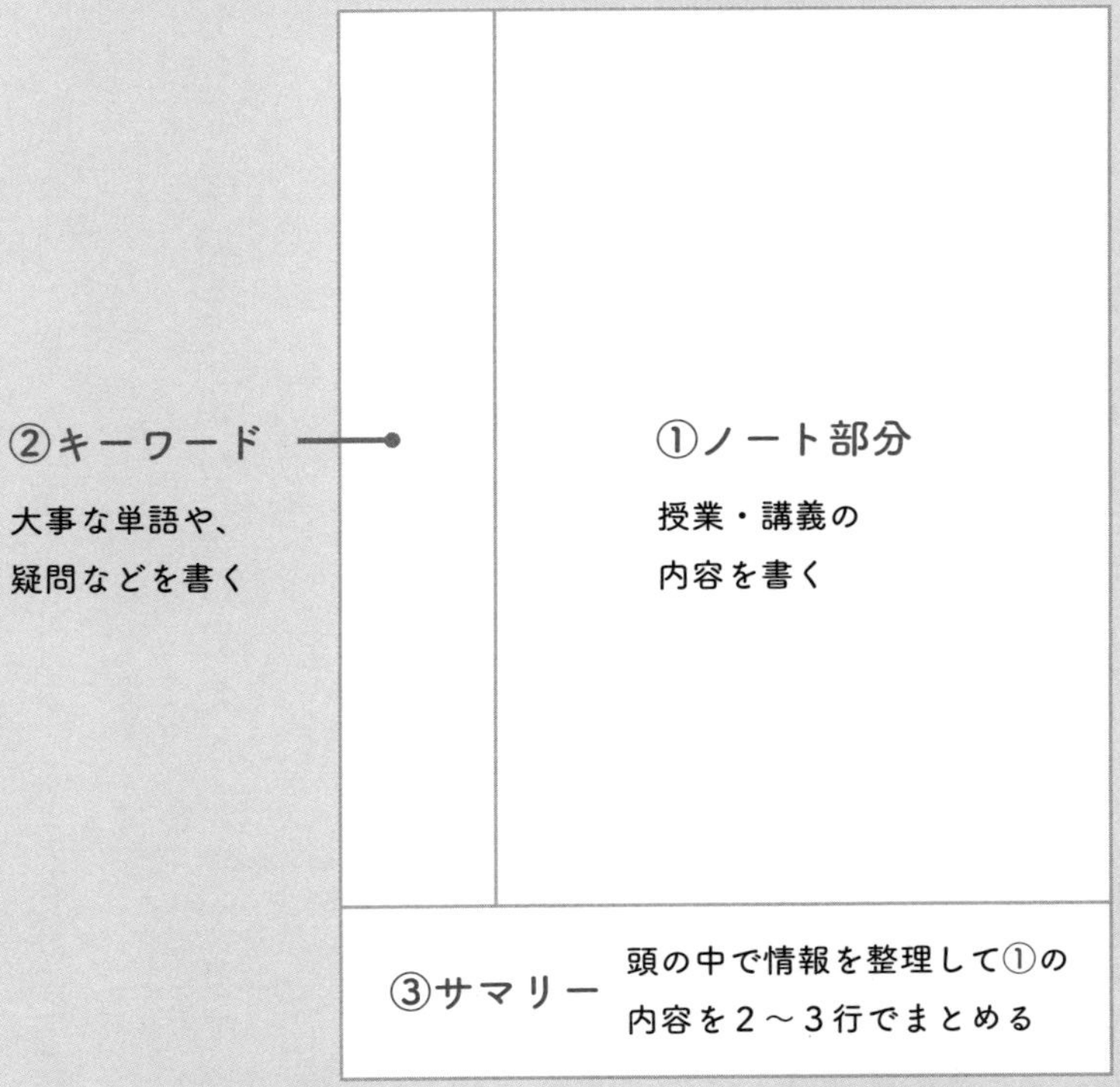

このように、様々な場面で「分ける」ことの有効性は実証されています。

③線を1本引くだけだから誰でもすぐにできる

難しい作法もルールも必要なく、いつでもどこでもすぐ使えます。

シンプルだからこそ、誰でも直感的に理解しやすく、汎用性も高いです。

これが「線を1本引くこと」の一番よいところではないかと思っています。

細かなフレームに分けてあると、一見、高度そうに見えますが、いざやろうと思うと、何をどこに分類していいのかわからなくなることもあります。

論文を書く研究者や、高度な思考を求められるコンサルタントなど、よりレベルの高いアウトプットをしなければならない人であれば、様々なフレームを使いこなさないといけないのかもしれません。でも、多くの場合、そこまでハードルを上げなくてもいいのではないかと思いますし、複雑すぎると続かなくなることもあります。

そう考えると、やはり、分けるためのコストが最も少なく、シンプルで、日常的に続けやすい「1本線」という方法が一番であるといえます。

図1-3　「分ける」ことは「分かる」こと

ごちゃごちゃしていてわからない

分けるとハッキリする

Tips05

「1本の線」で何が起きるのか？

メモに線を1本引く。「たったそれだけ？」と思われるかもしれませんが、実際にやってみると、次のような3つの変化が起こると思います。

①「1本の線」で自然と世界が分かれる

たとえば、何もない真っ白な画用紙に横に線を1本引くだけで、地面と空に分かれたように感じます。休み時間のドッジボールでも、校庭に線を1本引くと、すぐに味方チームと相手チームに分かれます。

このように、私たちは線を引くことで、線のこちら側とあちら側は違う世界、つまり「違うことを書く場所」なのだと、目で見て自然と意識することができます。

紙にただ書こうとすると、事実も感情もごちゃっと混ざり合ったメモになりがちですが、線の左側と右側はそれぞれ「違うことを書く場所」だと意識できれば、整理しながら書くことができますし、あとから見直したときもわかりやすくなります。

②「1本の線」でメタ的視点が手に入る

最近、「メタ思考」や「メタ認知」という言葉が、ビジネスや教育の分野でも注目されています。簡単にいうと、「**ものごとを俯瞰して客観的にとらえる**」ということです。

自分が置かれている目の前の状況にばかり意識が向いているときや、イライラ・モヤモヤした感情のまっただ中にいるようなときは、つい視野も狭くなり、全体を把握してよりよい考えにたどりつくことが難しくなります。

線を1本引いて世界を分けることで、自然と、空を飛ぶ鳥の目のような「俯瞰する視点」が生まれ、両方の世界を客観的に見られるようになります。

先ほど、「分ける」ことが「考える」ことの第一歩という話をしましたが、分けることによって、自分の置かれた状況や、考え・気持ちを客観的（メタ的）に見ることができるようになります。だからこそ、より整理して考えることができるのです。

③「1本の線」の向こう側を埋めたくなる

メモに1本線を引いて、左側を埋めると、右側が真っ白に残ります。すると、なんとなくもったいないないような、不思議な気持ちになります。

それは、心理学の分野で提唱されている脳の三大原則の1つに、「空白の原則」というものがあって、脳には、空白を見るとそれを埋めようとする働きがあるからだそうです。

つまり、左側に事実を書いて、右側が空白になることで、「何か書こう」「考えよう」という意識が自然と働き、アイディアや言葉が出やすくなるのです。

ちなみに、私たちは、質問を投げかけられると一瞬「わからない」という脳の空白ができて、それを埋めるために答えを探そうとするそうです。

メモを書くときも、「自分はどう感じる?」「どうしたらいいと思う?」と自分に質問を投げかけることで、さらに言葉が出てきやすくなります（詳細は第2章以降）。

Tips06

1本線メモ 基本の書き方

いよいよここから「1本線メモ」の書き方を紹介していきます。

言語化の基本は「事実」と「考えや気持ち」を分けること。

なので、書き方についても、難しいことは何もありません。

左側に「客観的な事実（他人の意見も含む）」、右側に「自分の考えや気持ち」を書く。

具体的な使い方については、このあとの第2章以降で詳しく説明しますが、書き方のポイントは基本的にこの1点だけです。

これは、私が裁判所で学んだ「事実と判断を分ける」というシンプルな考え方をもとにしています。仕事上たまたま身についた思考法ですが、今ではこれこそが、「言語化」の基本だと思っています。

というのも、コミュニケーションの場で求められるのは、たいてい「事実」か、事実をもとにした「自分の考えや気持ち」だからです。気の利いた言葉が求められる場面は、日常の仕事や生活ではあまりないはずです。それなら、「事実」と「考えや気持ち」が書いてあれば、それでもう十分です。

以前の私もそうでしたが、うまく言葉が出ないというのは、頭の中で「事実」や「自分の考えや気持ち」が絡まってごちゃごちゃしている状態だといえます。その中から、とりあえず「事実」を分けて書き出そうと意識するだけでも、状況を客観的に見ることができるようになるはずです。そこから、事実でもなく他人の意見でもない、自分自身の本当の考えや気持ちが見えてくるようになります。

最初は分けるのが難しかったり、「自分の考えや気持ち」が何も見えてこない、ということもあるかもしれません。でも、まずは頭の中を「見える化」することが大事ですので、あまり厳密に考えずに書いてみてください。分けることが考えることの「第一歩」ですから、そこから情報を整理して、だんだんと自分の想いを言葉にしていけばよいのです。

どんな紙やペンを使ったらいい？

よく「どんなノートを使えばいいですか」と聞かれることがありますが、1本線メモ術には、専用のノートや特別なルールなどは特にありません。

図1-4　左と右に分けて書く

（左）	（右）
【事実（Fact）】	【考え・感情（Think、Feel）】
・起こっていること ・自分以外の人の言葉 などを書く	・自分が考えたこと ・自分が感じたこと ・思いつき ・アイディア などを書く

ノートでもコピー用紙でも、なんならチラシの裏でも、基本的にどんなものでもかまいません。あなた自身が使いやすいと思うものを選んでください。

ご参考までに、私が一番よく使うのは、A4サイズのコピー用紙です。A4くらいの広さがあったほうが、思いついたことをたくさん書けますし、あとから情報を一覧できて、考えもまとまりやすくなります。どちらかというと罫線もないほうがより自由な発想で書けますし、情報を書き足しやすいです。目的によって、いろいろ使い分けてみてもよいですね。

ペンについても、私は特にこだわりはありません。しいて言えば、大事なポイントやあとから思いついたことを見やすくするために、2色以上で色分けすることをおすすめします。私自身は、黒、赤、青の3色ボールペンを使うことが多いです。

このように、道具はほぼあなたの手元にあるものだけで大丈夫です。

「紙を半分に折るだけ」なら簡単

紙とペンを用意したら、あとは真ん中に線を縦に1本引くだけです。

図1-5　会議でのメモの一例

（左）

A：この企画は、もっと若い人向けにしたほうがよいのではないか？
理由は……

B：値段を少し高めにしてはどうか？
なぜなら……

（右）

確かに！ → 反応を書く

違和感を見逃さない

高い？

なんで高いとよくないんだろう？

若者の収入に関するデータがあった
「20代の若者は、額面では給与は増えているけど手取り額が年々減り続けている」

自分としての結論は？

データを確認してから最終的に決めてはどうか

線の引き方は、「紙を縦半分に折る」のが一番おすすめです。

もちろん、定規を使ってもいいですし、フリーハンドでもまったくかまいません。ですが、完全にフリーハンドだと私はうまく引けないことも多く、ちょっと残念な気持ちになって、それだけでテンションが下がってしまいます。とはいえ、定規を使いたくても、そのとき手元にないこともよくあります。

やはり、素早く気持ちよく線を引くには、半分に折るのが一番です。

前ページ図1－5のメモは会議の例ですが、左には他の人の発言を書いていき、右にはそのとき自分の中から湧いてきた考えや感情、気づきやアイディアなどを、そのつどメモします。うまく言葉にできない場合は、マークをつけたり、質問で掘り下げていきます。

パッと見て大変と思った方もいるかもしれませんが、書くコツをつかめば誰でもできます。

早速、次の章から具体的な書き方を説明していきましょう。

第2章

1本の線を引けば
その場で
言語化できる

その場で「すぐに」言語化して発言できるようになるには？

ここからは、実際に1本線メモを使って「言語化」していく流れを、いくつかのシーンに分けて説明していきたいと思います。

1本線メモは大きく分けて3つの種類があります。

①その場ですぐに言語化して発言するためのメモ（第2章）
②学んだことを言語化して自分のものにするためのメモ（第3章）
③自分とのコミュニケーションをするためのメモ（第4章）

それでは、早速、書きはじめてみましょう。

まずここでご紹介するのは、

・その場ですぐに言語化して発言するためのメモ

です。

あなたは、「他人の意見や様々な情報に引っ張られて、自分の考えや気持ちに確信が持てない」「相手の発言にモヤッとするけれど、その原因がわからなくて言い返せない」といった経験はないでしょうか。私はよくありました。

こんなとき、即座に自分の意見が言えたらいいのに……と思いながらも、的外れだったら嫌だなと思って言い出せなかったり、モヤッとしたまま結局うまく言葉にできずに終わってしまったりして、本当にもどかしい気持ちになります。

このもどかしさを解消するためのコツは、まず左側に「他の人が話した内容」を書いていき、それから右側に「自分が考えたことや感じたこと」を書いていくことです。

はじめのうちはうまく分けられなかったり、右側がなかなか出てこない、ということがあるかもしれません。でも慣れてくると、その場でメモを取りながら、自分の考えや意見を整理して「言語化」できるようになります。

この方法は、会議で意見を伝えたり、セミナーや研修で感想を述べたり、面談やインタビュー、誰かの意見をまとめて報告するときなど、様々な場面で使えます。

ここでは、会議を例にとって、説明していきたいと思います。

会議でとっさに意見を伝える

会議の事前の準備

まず最初に、真ん中に1本線を引きます。

会議なので、あらかじめ一番上に次のようなことを書いておくとよいでしょう。

左側に

- **日付**
- **議題**
- **参加者（どんな人でどんな関心を持っているのか）**
- **自分の役割**

右側に

- **会議の目的、目指すべきゴール**

私が裁判所書記官として法廷に入っていた頃、証人尋問や本人尋問などで当事者が話したことをメモに取り、調書にまとめる仕事をしていました。

図2-1　会議などの事前準備メモ

（左）

2024年10月15日
議題：
A商品のプロモーションについて

参加者：
課長
営業担当Aさん
広告担当Bさん
デザイン担当Cさん
自分

自分の役割：
商品を企画した立場から、よりよいプロモーションにするための意見を出したい

（右）

会議の目的：
次のプロモーションの方向性と役割分担、スケジュールを決める

そのときは、事前に事件記録を読み込んで、どういう事件か、誰の、何のための尋問なのかを簡単に書いておくようにしていました。そうすることで、2時間近くある長い尋問でも要点を意識してメモを取ることができ、あとで調書にまとめやすくなるのです。

会議も同じで、事前に上記のようなことを確認して、ある程度流れを予想しておくと、メモが取りやすくなります。場合によっては、意見やアイディア、必要な資料などを用意して臨むこともできるようになります。

また、会議には、必ずその日の目的や目指すべきゴールがあると思います。右側の一番上には、たとえば、「次のプロモーションの方向性と役割分担、スケジュールを決める」「新しい商品について、AとBどちらの企画で進めるかを決める」など、具体的な目的を書いておきます。もし複数あるなら、全部書いておきましょう。

目的さえちゃんと把握しておけば、たいていの意見は的外れにはなりません。

会議では、いろいろとアイディアを出していくうちに、いつの間にか、目的から離れていってしまうこともよくあります。そんなとき、すぐに本題に戻れるようにするためにも、メモに「目的」を書いておきましょう。

左側＝事実や他人の発言を書く

準備ができたら、いよいよ会議に臨みます。

まずメモの左側に「事実」や「他の人の発言」を書いていきます。要は、自分で感じたこと、考えたこと以外のすべてです。

左側を書くときの基本的なポイントは、「**自分の考えや判断をはさまずに書くこと**」です。

言語化が苦手な人は特に、「自分は何を話そう」「これを言ったらどう思われるかな」などと、意識が自分自身へ向きがちになります。ですが、自分のことをあれこれ考えながら、話を聞いて書くのは難しいですよね。大事な話を聞き逃さないためにも、他の人が話す場面では、しっかり相手の話を聞いてメモを取ることに集中することが大事です。

最初は「話している内容をもれなく書く！」くらいの勢いで向き合うのが

よいと思います。大事な部分だけをうまくまとめようと思う必要はありません。そもそも何が重要な情報なのかを判断しながら書くのは、かなり難しいことだからです。

まずは質より量。話が一区切りつくまで、あるいはある程度考えるための情報が出そろうまでは、左側のスペースを埋めることに集中しましょう。

スピーディかつ正確にメモを取るコツ

とはいえ、聞いたことを一字一句全部書こうとするのは大変です。話すスピードが速いと、ついていけなくなります。

そんなときは、次の3つのポイントを意識してみてください。

①「議題」「キーワード」「結論」を中心に書き留めておく

話題が変わるたびに、今何について話しているのかを見失わないよう、「議題」を短く書いておきましょう。

中身については、「キーワード」と「結論」を中心に書き留めておいて、足りないと思った部分は、一息ついたところで補充します。

たとえば、

「今回の販促案ですが、人気タレントに依頼するのは反対です。予算的に厳しいのと、それに対応する労力が大変だからです」

という発言があったとすると、

「販促案
人気タレント反対　予算　労力NG」

とだけとりあえず書いておけば、だいたい何の話かわかりますよね。

その後、一息ついたところで、「労力だけだとわかりにくいかな？」と思ったら、「対応大変」と書き足しておく、といった具合になります。

②略語を使う

頻繁に出てくる言葉を毎回漢字で書いたり、長い単語をそのまま何度も書くのは面倒です。

そこで、法廷に立ち会っていた頃よくやっていたのは、原告は「X」、被告は「Y」、裁判官は「J」といったふうに略語を用意しておくことです。

ほかにも、人の名前や、長くて複雑な固有名詞なども、略語を作っておくようにしていました。

たとえば、渡邉さんという人が、

「前年度は、サウンドイングリッシュ初級講座の売上が予想以上によかったので、その分、今期は文科省プロジェクトへの予算をアップしてもよさそうですね」

と言ったとします。

そこで、

・渡邉さん→㋻

・サウンドイングリッシュ初級講座→SE初

・文科省プロジェクト→文P

という略語を使って、

㋻「SE初の売上◎→今期、文Pの予算アップOK」

とだけ書いておけばわかります。

このように、名前の頭文字を取ったり、部署名、商品名、プロジェクト名など、よく出てくるキーワードについて略語を使うと、かなり素早くメモす

図2-2　**スピーディにメモを書くために①**

①キーワード中心に書いておく

「今回の販促案ですが、人気タレントに依頼するのは反対です。予算的に厳しいのと、それに対応する労力が大変だからです」

（書き方例）

販促案
「人気タレント反対
予算　労力NG　対応大変」

②略語を使う

・渡邉さん→㋻

・サウンドイングリッシュ初級講座→SE初

・文科省プロジェクト→文P

（書き方例）

㋻「SE初の売上◎
→今期、文Pの予算アップOK」

ることができます。

③問いと答えで話が進む場合は「答え」を優先して書く

質疑応答やパネルディスカッションなど、「問い」と「答え」で話が進む場合、全部をメモしきれないと思ったら、まず「答え」のほうを書いておきます。答えがあれば、どんな質問をされたのかがだいたいわかるからです。その後、一区切りついたところで、必要に応じて質問を補充します。

たとえば、

質問者：この『音から楽しむ英語de文字読み講座』という新しいオンライン講座についてですが、顧客層としてはどのあたりを考えていますか？

回答者：3～8歳くらいまでのお子さんを持つ、子育て中のお母さんをメインの顧客層と考えています。昨今の物価高などを背景に、高額セット教材の購入を見送るご家庭が多いようです。そのため、オリジナル教材もすべて含めたパッケージ型の講座ではありながらも、そこまで価格が高くない講座を目指しています。

図2-3　スピーディにメモを書くために②

③回答を優先的に書く

質問者：この『音から楽しむ英語 de 文字読み講座』という新しいオンライン講座についてですが、顧客層としてはどのあたりを考えていますか？

回答者：３〜８歳くらいまでのお子さんを持つ、子育て中のお母さんをメインの顧客層と考えています。昨今の物価高などを背景に、高額セット教材の購入を見送るご家庭が多いようです。そのため、オリジナル教材もすべて含めたパッケージ型の講座ではありながらも、そこまで価格が高くない講座を目指しています。

質問者：リリース時期はいつ頃を考えていますか？

回答者：来年４月以降を考えています。これまでテスト的にやってきたいくつかの単発講座をまとめる形で、できるだけ早くリリースしたいと思っています。

（書き方例）

音もじ講座顧客層
3〜8歳のママがメイン。物価高など→
高額セット教材見送る家庭多い。パッケージ
型だが価格が高くない講座にする
リリース時期
来年4月以降。テスト講座をまとめ、なる早で

あとから何の話だったかわかるように書く

質問者：リリース時期はいつ頃を考えていますか？

回答者：来年4月以降を考えています。これまでテスト的にやってきた、いくつかの単発講座をまとめる形で、できるだけ早くリリースしたいと思っています。

というやりとりは、

「3~8歳のママがメイン。物価高など↓高額セット教材見送る家庭多い。パッケージ型だが価格が高くない講座にする。来年4月以降。テスト講座をまとめ、なる早で」

とだけ書いておけば、まずは必要なことがわかります。

その後、

「音もじ講座顧客層」

「リリース時期」

といった感じで、質問内容を一言補充しておくと、全体の内容がよりわかりやすくなります。

あとからメモを見返したときにわかりやすくなるコツ

メモを速く書くことはもちろん大事ですが、それだけにとらわれず、次のようなことを意識すると、あとから見返したときにわかりやすくなります。

①文末まできちんと聞く

日本語は、結論が文章の最後にくるという特徴があります。文末まできちんと聞かないと、「やります」なのか「やりません」なのか、肯定か否定か、わからなくなることも多いです。

キーワードを書くことに気を取られていると、つい文末を書き忘れてしまい、そのときはわかっていても、あとからどっちだったか思い出せなくなるということもよくあります。「日本語は文末が大事」ということを意識して、一息ついたところで結論をしっかり補充しておきましょう。

②話題が変わるところで行間を広めに空ける

一生懸命メモを書こうとするあまり、隙間なくぎっしり文字を書く人も多いように思います。メモを見やすくするためにも、あとから補充しやすくするためにも、できるだけスペースに余裕を持って書いていくのがおすすめです。

特に、話題や話し手が変わるところでは、行間を広めに空けておくと、あとから見返したときに、話のまとまりがパッと見てわかりやすくなります。

なお、休憩をはさんだり、章が変わるような大きな話の変わり目では、横線を引いて区切っておくと、見やすくなります。

③話し手が直接体験したことなのか、伝聞なのかを明確にする

たとえば、「私は現場を直接見ました」というのと、「私はAさんが現場を見たという話を聞きました」では、情報の信頼性が大きく変わってきます。

話の中身を書くことに気を取られていると、実際に誰が体験したことだったのか、その情報がどれだけ信頼できるものなのか、あとから見てわからなくなってしまうこともよくあります。

特に、誰かから伝え聞いた場合は、事実関係を改めて確認することもある

かもしれないので、誰に聞いた話であるのかをきちんとメモしておくことが大事です。

右側＝「自分」が考えたことや感じたことを書く

さて、以上が左側の書き方になりますが、では右側には何を書けばよいのでしょうか？

右側には、基本的に「自分」が考えたり感じたりしたことを書いていきます。

たとえば会議の場では、他の人の意見を左側にメモしながら、自分の中に湧いてきた疑問や考えを、右側に書き留めていきます。

ただ最初のうちは、左側を書きながら自分の考えを出すのは大変ですし、思い浮かんでも書き留める時間がない場合もあると思います。

そんなときは、

- **ここは質問したい**
- **ここは引っかかる**

・今の発言はモヤッとする

・自分ならこうしたい

と思った部分に、「?」や「!」や「☆」など、あらかじめ決めたマークだけを右側に書いておいて、あとから自分の考えを書き足してもかまいません。

マークがあるだけで、いきなり質問や意見を求められたときでも、自分が何を話せばいいのかがわかりやすくなります。

図2-4　会議ですぐ発言するためのメモ

（左）

2024年10月11日
議題：業務フローの変更について
参加者：課長　いつものメンバー

来月から業務フローが変わる
報告プロセス変更

来月から共通のテンプレートで、チーム
ごとにまとめて提出

テンプレートは今週中に全員にメール
ガイドラインも添付

（右）

目的：現場の視点から検討し、意見を言う

★
共通のテンプレで効率化できる！
時短につながりそう

？
「チームごとに」ということは締め切りが
早まる？　逆に仕事が増えないか？

あとから書いてもOK

すぐに言語化して発言したい❶

自分の意見をまとめる

会議では、たいてい一度は「あなたはどう思う?」「何かアイディアはない?」と聞かれたりしますよね。

まずは、そんなよくある場面で自分の意見をまとめる方法を紹介します。

ポイントは、

①違和感を見逃さない

②なぜそう感じたかを深掘りする

③自分としての結論を言葉にする

の3つです。

①違和感を見逃さない

会議で誰かの話を聞いているうちに、「あれっ?」「それでいいのかな?」と疑問や違和感を感じることがあります。そのときは、すかさずそれを右側に書いておきます。

先ほどのように、あらかじめ決めておいたマークを書いておくだけでもかまいません。

もし、聞きながら書くので手いっぱいで、気づくことが特にないようであ

れば、ある程度左側のメモを書いた段階で、

「本当にそうかな？」

「それでうまくいくのかな？」

「自分ならどうする？」

といった疑問を自分に投げかけ、右側に感じたことをどんどん書いていってください。

②なぜそう感じたかを深掘りする

違和感に気づけたとしても、それがどこからくるのか自分でもわからず、うまく言葉にできないということもあるかと思います。

そのときは、メモした内容を見ながら、「なぜその違和感が出てくるのか」（Ｗｈｙ）を考えてみましょう。

たとえば、71ページ図2－5のようにメモを書いたとします。

AさんとBさんの会話を聞いて、Bさんの「値段を少し高めにしてはどうか？」という発言に違和感を持ったとして、

「若者向けはいいと思ったんだけど、なぜ値段が高いとよくないと思ったんだろう?」

と自分になぜ(Why)を問いかけます。すると、

「20代の若者は、額面では給与は増えているが、手取り額が年々減り続けている」

というデータがあったことを思い出しました。

③自分としての結論を言葉にする

「なぜ」がわかれば、それに対して、「では、どうしたらいいか?」と解決策を考えます。この場合は、「若者の購買データを見てから最終的に決めたほうがいい」という自分としての結論にたどりつきました。

あとは、上から順に話せば、そのままあなたの意見ができあがります。

なお、話すときは、右側だけを伝えても唐突に感じることがあるので、対応する左側の内容を踏まえて、「左↓右」「左↓右」の順でジグザグに伝えていきます。これだけでかなりラクに、参加者それぞれの意見を踏まえつつも、自分の視点を交えた発言をすることができます。

図2-5　違和感から意見を伝えるメモ①

（左）

A：この企画は、もっと若い人向けにしたほうがよいのではないか？
理由は……

B：値段を少し高めにしてはどうか？
なぜなら……

（右）

確かに！ ⟶ 反応を書く

違和感を見逃さない

高い？

なんで高いとよくないんだろう？（Why）

若者の収入に関するデータがあった
「20代の若者は、額面では給与は増えているけど手取り額が年々減り続けている」

自分としての結論は？（What）

データを確認してから最終的に決めてはどうか

「Aさんの意見には賛成です。ただし、Bさんの意見のように高価格帯にするのは検討が必要ではないでしょうか。20代の若者は、額面では給与は増えているけれど手取り額が年々減り続けているというデータがどこかにあったように思います。最近の若者の購買データを見てから決めるべきだと思います」

もし「賛成」「反対」といった明確な結論が見つからなければ、

・両方のよさを両立する案はないか
・気になったところだけを改善した案が作れないか

といった発言でもよいでしょう。

このように、他人の発言を聞いて自分なりの意見を出すときのポイントは、

①違和感を見逃さない
②なぜそう感じたかを深掘りする（Ｗｈｙ）

③自分としての結論は何なのかを言葉にする（Ｗｈａｔ）

の3ステップです。

ぜひ、意識してみてください。

ちなみに、発言の内容以前に、「なぜ相手はそんな発言をしたのだろう？」という部分に違和感を感じることもあると思います。その場合、相手と自分の立ち位置や考え方などの違いがある可能性もあります。

たとえば、自分は「たくさんの人に買ってもらいたい」と思っていても、Bさんは「ごく少人数に販売することで営業を効率化したい」と考えているのかもしれません。そのような場合は、「そもそも、なぜ高単価がいいと思われたのですか？」と聞いてみることで、相手と自分の立場が明確になり、内容に対する自分の意見も出やすくなります。

相手の発言に違和感があるが、その理由がよくわからない

相手の頭を借りながら自分の考えをまとめよう

先ほどの例では、「値段を少し高めにしてはどうか」という点に違和感を持ち、なぜそう感じたのかを深掘りすることで、自分の意見を伝えました。

ですが、違和感には気づいたものの、その出どころがわからなかったり、判断がつきづらかったりするために、言葉が出てこなくなるということもあります。

そんな場合は、「6W2H」を使って、なぜそう感じたかをより詳しく深掘りしてみましょう。

たとえば、別のチームのAさんから、

「次期はうちのチームの主力商品に力を入れるのですが、人員的に無理があります。つきましては、あなたのチームに雑務をお願いしたいのですが」

と言われたとします。

いきなり言われて、「え？　なんでうちでやるの？」と感情的になること

もありますよね。それもすかさず右側に書いておきます。いろいろ考えているうちに、最初の違和感を忘れてしまわないようにするためです。

「まあ忙しくなるなら仕方がないし、特にうちのチームでやらない理由はないのかもしれない。でもどこかひっかかる……」

考えても具体的にどこにモヤッとしているのかわからない場合は、「6W2H」をもとに頭の中から情報を引き出しましょう。もしうまく引き出せないときは、情報がそろっていない可能性もあります。そのときも「6W2H」で相手に質問して、考えるための材料をもらいます。

違和感：本当にそれをうちのチームがやる必要があるの？
What：何の雑務？
Who（Whom）：本当にうちができるのか？
When：いつ頃までにやらなければならないのか？
Why：なぜうちのチームでないとできないのか？
Where：そもそも社内でやらないといけないのか？
How：方法は？

How much／many：どのくらいの業務量？

一般的には、新聞記事など、事実を書くときの基本は「5W1H」であるといわれています。

もちろん、それでもかまわないのですが、私の経験上、多くの日本人は、「Who＝誰が」「How＝どうやって」と1つの意味だけでとらえている人が多いように思います。そこで、大事な事実を書きもらさないためにも、あえて「誰が（Who）」と「誰に（Whom）」、「どのように（How）」と「どのくらい（How much／many）」を分けて、「6W2H」としています。

これは、私が書記官として調書を書くときに、「誰に（Whom）」と「どのくらいの価格や価値で（How much／many）」という要素が欠かせなかった、という習慣の名残でもあります。

さて、6W2Hに則って確認しているうちに、その雑務が発生する時期が、ちょうど自分のチームの繁忙期にあたることに気づきました。そして、「他

図2-6　会議で反論したいときのメモ

（左）

A：Aのチームの主力商品に力を入れる
→雑務をやってほしい

What?

何の雑務?
システム入力、郵便物の発送など

How much/many?

半日ほど

When?

いつ?
9～12月頭まで

（右）

違和感を見逃さない

なんでうちのチームがやるの?

＝

本当にうちがやる必要があるの？
（6W 2Hで深掘り、相手にも質問）

Who?

Why?

うちのチームでもできるといえばできるけど
……うちでなくてもできるはず

そこは、うちも繁忙期！

他に余裕のあるチームか、
他部署に頼んでもらう

How?

Where?

にもっと余裕のあるチームや他部署に頼んでほしい」という自分としての結論にたどりつきました。

あとは、メモの内容を上から順に話すだけです。

「確かにその内容であればうちのチームでも対応可能ではありますが、時期的にちょうどうちも繁忙期に入ってしまうので、他にもっと余裕のあるチームや、場合によっては他部署に応援を頼んでみてはいかがでしょうか」

こんなふうに、自分で考えるだけではなかなか言葉にできないときは、どんどん相手の力を借りてしまいましょう。「6W2H」で自分自身にも相手にも質問していくことで、論点に気づき、早く確実に自分の意見をまとめることができるようになります。

すぐに言語化して発言したい❸

角が立ちそうで言えない

「自分の意見がうまく言えない」人の背景には、意見がないというよりも、

・反対意見を言ったら人間関係が壊れないか
・このタイミングで発言すると、空気が読めない人と思われないか
・質問のせいで会議が長くなったと思われないか
・場違いな質問をしていると思われないか

など、本来の会議の内容とは別のことが気になっている場合も多いように思います。私も、つい自分自身へ意識が向きがちで、変に周りに配慮して自分の意見を飲み込んでしまうことがよくありました。

そんなときは、会議に参加している大もとの目的に立ち戻りましょう。参加しているみんなは、細かい意見や立場の違いはあれど、チームのために、組織全体のために、お客様のためにと思って話し合いをしているはずです。

なので、単なる保身や自分の利益のためでなく、チームや目的に対する想いを持って発言している限り、多少その場がざわつこうが迷惑に感じる人が一定数いようが、あなたの意見はすべてその場にとって価値があるのです。

それを「言わない」というのは、配慮しているようでいて、実はみんなに

とって損失になっているともいえます。それこそ本末転倒ではないでしょうか。

まず、自分の意見の周りに絡みついている「配慮の塊」の存在に気づきましょう。「○○さんがいるから、言いづらい」などと思っている自分に気づいたら、それも、メモしておいてもよいかもしれません。そして、その「配慮の塊」を踏まえて言い方を工夫すればよいのです。

たとえば❶の例で、

「Aさんの意見には賛成です。ただし、Bさんの意見のように高価格帯にするのは検討が必要ではないでしょうか。20代の若者は、額面では給与は増えているけれど手取り額が年々減り続けているというデータがどこかにあったように思います。最近の若者の購買データを見てから決めるべきだと思います」

という自分の意見にたどりついたものの、

「自分の発言でBさんを嫌な気持ちにさせて目をつけられたら嫌だ」

といった気持ちを持っていることに気づいたとします。

そうしたら、

「**企画を若者向けにするという点は賛成**です。ただし、**価格に関しては**検討が必要ではないでしょうか。**高価格帯にするのもよいと思うのですが**、20代の若者は、額面では給与は増えているけれど、手取り額が年々減り続けているというデータがどこかにあったように思います。最近の若者の購買データを見てから決めるべきだと思います」

といった感じで、より人間関係に配慮した言い方をすればいいだけです。

たいていの場合、会議で反対意見を言われたくらいで、相手はあなたのことを嫌いになったりしません。ぜひ一緒に働く仲間を信頼して、あなたの意見を伝えてみてください。

すぐに言語化して発言したい❹

「意見」から「提案」にする

ここまで、

①違和感を見逃さない
②なぜそう感じたかを深掘りする
③自分としての結論は何なのかを言葉にする

の3ステップで、自分の意見を言語化する方法についてお話ししてきました。

これだけでも、会議の場ですぐに自分の意見を述べ、議論の活性化に貢献することは十分できます。

ですが、仕事の場面では、話し合うこと自体がゴールではありません。話し合いの中で得られた結論をもとに、いかに現実の場面で具体的な行動へ移すかということが大事になります。

そこで、「違和感」から作った「意見」を、今度は具体的な「提案」にしてみましょう。難しいことはありません。たった1つ、質問を付け加えるだけです。

❶の事例では、「違和感」を「意見」にするには、次の2つの質問を使い

ました。

・「なぜそう感じたのか？（Why）」

・「自分としての結論は何なのか？（What）」

そこにぜひ、

・「どうしたらそれができるか？（How）」

を入れてみてください。

具体的には、

・「なぜそう感じたのか？（Why）」

↓なぜ高いとよくないんだろう？

・「自分としての結論は何なのか？（What）」

↓データを確認してから検討するとともに、もう少し単価を下げる方法を考えてはどうか？

・「どうしたらそれができるか？（How）」

↓たとえば、一部の素材を安価なものにすれば可能ではないか？

↓対象が若い人なら、紙の説明書をペーパーレス化してもよいかも？

といった具合に考えていきます。

そして、先ほどの

――「最近の若者の購買データを見てから決めるべきだと思います」――

という意見に加えて、

――「たとえば、一部の素材を安価なものにしたり、対象が若者であれば、紙の説明書をペーパーレス化してコストを削減することで、単価を下げることができるのではないでしょうか」――

といったところまで提案できれば、会議への貢献度もあなたの存在感もぐっと増しますよね。

「どうしたらそれができるか？」（Ｈｏｗ）を正しく導き出すのはなかなか難しいこともありますが、考えられる方法を提案するだけでも、議論を前進させることができます。

ぜひ、この３つをセットにして考えるように、意識してみてください。

図2-7　違和感から意見を伝えるメモ②

（左）	（右）
A：この企画は、もっと若い人向けにしたほうがよいのではないか？ 理由は……	確かに！ → 反応を書く
	違和感を見逃さない
B：値段を少し高めにしてはどうか？ なぜなら……	高い？
	なぜ高いとよくないんだろう？（Why）
	若者の収入に関するデータがあった？ 手取り額が年々減っている
	自分としての結論は？（What）
	データを確認してからもう少し単価を下げてはどうか？
	どうしたらそれができるか？（How）
	たとえば、一部の素材を安価なものにすれば可能ではないか？ 対象が若い人なら、紙の説明書をペーパーレス化してもよいかも？

他の人の発言をまとめる形で「提案」する

会議の場面では、複数の人がそれぞれのタイミングでいろいろなことを話していくことが多いです。他の人の発言に一つひとつ反応しているうちに、自分の言いたいことがよくわからなくなってしまう、といったこともあるのではないでしょうか。

個々の発言に振り回されてしまうのは、それらの発言が全体として今どこに向かっているのかという「目的」を見失ってしまっている場合が多いです。大きな「目的」の部分を意識せずに、具体的な意見について「良い・悪い」の判断をしていっても、なかなか的を射た意見や提案にまとめていくことは難しいです。

そこで、まず会議での相手の発言の中から「目的」をとらえます。目的がわかりにくければ、「議題」や「テーマ」となるキーワードを見つけるだけでもかまいません。

そのうえで、相手の個々の発言に対し、

- **それはなぜなのか？（Ｗｈｙ）**
- **要するに何が重要なのか？（Ｗｈａｔ）**

といった質問を自分に（場合によっては相手にも）投げかけながら、その「目的」に向かって考えていきます。

そして、自分の中で、一番の原因や問題点、重要だと思われるポイントが見えてきたら、❺の事例と同じように、

- **どうしたらいいか？（How）**

で具体的な提案を言葉にします。

たとえば、こんな会話がされていたとします。

A「最近、事務的なミスが増えてて、上の人が怒ってるって聞いたけど？」

B「やっぱあれじゃないですか？　あの新しいシステム。機能が増えた分、複雑になって使い方がよくわからないですよね〜」

A「ITに詳しい人ばかりじゃないですからね。みんな、いちいちシステム課に問い合わせながら作業していますよ」

C「確かに、システム課の担当者がずっと対応に追われているよね。

担当のDさんも、他の業務が全然できないって嘆いていたもん」
Ｂ「システム課も、新しい人がたくさん入ってきたから。そもそも細かい業務フローがわかっていなくて混乱しているんじゃないかな」

これをメモすると図2－8のようになります。

まず、はじめのＡさんの発言から、「事務的なミスを減らす」という目的をとらえます。

その後、「システムそのものの問題なのか?」「使う側の問題なのか?」「システム課の体制の問題なのか?」といろいろな意見が出てきますが、それぞれの発言について、「それはなぜなのか?（Ｗｈｙ）」「要するに何が重要なのか?（Ｗｈａｔ）」と考えていくことで、「業務の流れを整理し、共有することが必要」という自分なりの意見にたどりつきました。

そこで、「どうしたらいいか?（Ｈｏｗ）」を考え、

- **まず各担当者が業務を整理して、今度の新入社員研修のときに講師をしてもらったらどうか?**
- **その議事録をもとにマニュアルを作成してはどうか?**

図2-8　他の人の発言をまとめて提案するメモ

（左）

目的をとらえる
ここでは、事務ミスを減らすこと

A：事務的なミスが増えている

B：新システムのせい？
機能が増えて使い方も複雑

A：ITが得意な人ばかりじゃない

C：システム課の担当者がずっと対応
他の業務ができないくらい

B：システム課の人も新しく来た人ばかり
そもそも細かい業務フローがわかっていなくて
混乱？

（右）

確かに！
でもなぜだろう？（Why）

今までのどの業務を、どの機能でやっていいのかわからないのかも？

使う人の問題なのかな

それは大変だな。
でもなんでそんなに？（Why）

業務の流れを誰もわかっていないのが問題では？

要するに何が重要なの？（What）

業務の流れを整理し、共有することが必要！

どうしたらいい？（How）

まず各担当者が業務を整理して、今度の新入社員研修のときに講師をしてもらったら？

その議事録をもとにマニュアルを作成してはどうか？

という具体的な解決策を見つけることができました。

あとは、この流れの通り、

「みなさんの意見を伺っていろいろ考えてみたのですが、事務的なミスを減らすためには、新システムの業務の流れを整理し、みんなで共有することが必要だと思います。たとえば、まず各担当者が業務を整理して、今度の新入社員研修のときに講師をしてもらい、その議事録をもとにマニュアルを作成してはどうでしょうか？」

といった具合に、自分の意見と提案を伝えるだけです。

実際のミーティングでのメモ活用例

最後に、私がミーティングの際に実際に書いたメモをご紹介します。

一部、参加者の名前を仮名にしたり、内容的に込み入っていてわかりにくそうな部分を簡略化したりしていますが、実際のミーティングの場面で1本線メモを活用するイメージをつかんでいただけるのではないかと思います。

さて、このミーティングでは、私たちが提供している英語音講座の新規プロモーションについて、プロデューススチームのメンバーと、内容やスケジュールについて話し合いました。

この章のはじめに、まず事前準備が大事とお伝えしましたが、私も、ミーティング当日だけではなく、その前にもメモを書くようにしています。

私が性格的にしっかり準備しておきたいタイプというのもありますが、特に自分が会議の議長やミーティングの主催者である場合は、これをやっておくと安心です。主催側でなくても、主要メンバーとして発言が求められるようなときや、その場でメモを取って発言することに慣れないうちは、面倒でも書いておくことをおすすめします。

左側に当日必要な素材を集めておく

事前準備のメモでは、左側に日付、参加者、議題を書き出しておきます。人の名前や長めの単語については、略語も用意します。

また、メールやチャットなどで事前にやりとりしている内容があれば、それも簡単に書いておくこともあります。というのは、ミーティングの場で、メモを取りながら同時にメールやメッセージツールを開いて探すのは大変ですし、時間のロスになるからです。

なお、今回は参加者を書いていますが、いつも決まったメンバーでのミーティングなら書かなくてもかまいません。

このときは、デザイナーさんが初めて参加するミーティングだったので、メンバーを紹介するために参加者を書いています。

また、右側の一番上に「あまり話が深く、長くならないように!」という自分へのリマインドも書いています。

図2-9　事前準備のメモ

（左）

2024年10月15日
議題：英語音講座の新規プロモーションについて

参加者
・山田さん（ビジネスパートナー、Y）
・近藤さん（プロデューサー、K）
・赤坂さん（デザイナー、A）
・自分（主催者）

議題
●ランディングページ（LP）のトップ画像について確認&フィードバック
●価値提供動画のシナリオ説明
　全体的な流れについて詰める
●動画撮影について
　スケジュール
●その他何かあれば

資料
・LPのトップ画像案
・動画シナリオ案

（右）

（注）赤坂さんが参加するので、あまり話が深く、長くならないように！
目的：ユーザーを広げるため、初心者向けの見せ方にする

●LPのトップ画像について
・全体的な色合い、雰囲気はGood！
　ママ向け、ポップな感じが良い
・親子の画像2つ　→　1つでもよいかも
　意識が分散される
・文字がなんとなくガチャガチャしている？
→ 基本はセンター寄せ
→ 斜めの文字は読みにくいかも
→「30の歌とリズム遊び」を一番目立たせたい

●動画シナリオについて
・流れについては、近藤さんにお任せでOK
　近藤さん的に、不安・不明なところは？
・最初と、最後のほうに、同じ受講者さんの感想が繰り返されてるけど……意図は？
・20、30年前の英語教育では……のところ
　いまだに変わっていないことを強調したい
・5ステップのうちステップ1を見せない、というのは
　面白い！　気になるし、大事さが強調されてよい

（月）がいい。定例ミーティングなので

なぜこれを書いたかというと、普段のビジネスパートナーやプロデューサーさんとのミーティングは、どうしても専門的で深い内容に入りやすく、話が長くなってしまうからです。

でも、デザイナーさんにとっては、デザイン以外のあまり関係ないことを長々と話されても迷惑ですよね。そこで、気をつけるべき点を目立つところに書いておきました。

右側は、資料を読んで気がついたことを書く

右側の上のほうには、ミーティングの目的を書いておきます。

また、事前に資料があれば、それに目を通し、そのときに感じたこと、気がついたこと、疑問に思ったことなどを書き出しておきます。

特に、当日「ここはぜひ聞いておきたい」「伝えておきたい」という点は、必ずメモして、赤いペンなどで強調しておきます。

こうしておくと、当日はタイミングを見てそれらを質問したり、伝えるだけでよいので、相手の話を聞いたりメモを取ることに集中できます。

相手の話を聞きながら質問したいことや言いたいことを考えていくのは、メモを活用したとしてもなかなか難しいものです。その場で書くメモとは別に、事前にわかっている内容についての質問や意見は先にまとめておきましょう。

ミーティング当日のメモでは違和感を逃さずに！

今度は、ミーティング当日に書いたメモを見ていきましょう（97ページ図2－10）。

事前準備のメモに書いておいた議題に沿って、参加者から意見が出されたら、それらを左側に書いていきます。

右側には、それぞれの意見に対して、自分が疑問に思ったこと、感じたこと、意見やアイディアを書いていきます。具体的なアクションプランや、期限があることに関しては必ず期限も書いておきます。特に大事だと思った点は、赤字で強調します。

ここでは、山田さんが動画シナリオの説明をしていく中で、自分がちょっと違和感を感じた部分に「?」を入れました。

日本語と英語のリズムの話は、自分もよくわかっている内容なのでなんとなく納得していたのですが、よく考えてみると、これは上級者向けの話で「初めて聞いた人には難しいのでは?」と感じ始めたからです。

事前準備のメモに書いたように、もっとユーザーの範囲を広げたい、というのが今回のミーティングのそもそもの目的だったはず。そこから、「もっとポップ&イージーな感じの見せ方にしたほうがいい!」という考えを言葉にすることができました。

このように、「何かずれているな」「これは違うな」と違和感を感じたら、すぐに「?」などの印をつけて、相手に質問したり、メモ全体を俯瞰したりして、本来の目的に戻ることが大事です。

そして、目的を再確認して話を聞いていくうちに、「英語口の作り方がわかると、音を聞いて口の形が思い浮かぶことで区別できるようになる」という点が一番のポイントだと強く感じました。そこで、「これを5ステップに落とし込むにはどうしたらいい?」(How)と自分に質問し、出てきたア

図2-10 ミーティング当日のメモ

（左）

●LPのトップ画像について
「サウンドイングリッシュ」は入れたほうがいい？
Y キャッチー、覚えてもらいやすい、思い入れがある
K 今までとは違う、新しいメソッドであることを印象づけたいので、トップには入れないほうがいい

●動画のシナリオについて
K 親子でペラペラになる5ステップが特に大事
Y 日本語のリズムは平坦
4分音符　タカタカタカ
英語のリズムはもっと複雑　タタータタッタッ
4分、8分音符　時々16分音符
個々の音の発音→リズムを作るためにある、特に子音

英語口の作り方がわかると、
音を聞いて口の形が思い浮かぶことで区別できるようになる

歌は英語のリズムがそのまま使われている
メロディーを外すと、そのまま話し言葉になる
絵本にはリズムが書いてないから難しい

語りかけには、歌より、絵本のフレーズがよいかも
詩的　⟷　日常的
リズム重視の言葉なので、歌は韻を踏むためにあえて日常的ではない単語を使うことも多い

（右）

そもそも今回はハウスリスト向けなので、どっちでもいいんじゃない？
広告を出す段階になったら、A／Bテストすれば？

確かに
「新」をもっと目立たせてもいいかも

？
上級者向けの話？
もっとポップ&イージーな感じに
これが今回の目的！！

ここがすごい！
How：5ステップにするには？
①英語口を作る
↓
②聞き取れる　聞き取れないと話せない
↓
③聞いてマネできる＝歌が歌える、絵本が読める
↓
④歌や絵本のフレーズを使って語りかけ
まずは、ママが一方的に
↓
⑤子どももマネしたり、答えられるようになる
親子でペラペラに

イディアを右下にまとめました。

ここまでの流れを、メモの上から順に、

「英語のリズムの話はとても大事ですが、これは上級者向けのように思います。今回のそもそもの目的は、ユーザーを広げるために初心者向けの見せ方にすることなので、もっとポップ&イージーな感じにしたいです。『英語口の作り方がわかると、口の形が思い浮かんで音が区別できる』というところが一番すごいと思うので、それをもとに、親子でペラペラになる5ステップを作ってみました」

と伝えて提案したところ、最終的に自分の案が採用されることになりました。

このときは、自分でアイディアを考えるところまでいきましたが、たとえ違和感に対して自分の意見が明確に出てこなくても、目的からずれたと感じたり、自分の中でモヤッとした部分は、必ずその場で確認してみてください。

第3章

学んだことを言語化して自分のものにする

聞いた講演、読んだ本の内容を説明できない！

この章では、セミナーや研修、授業、読書など、他人から話を聞いたり学んだりしたことを、自分なりに言語化するためのメモについて紹介します。

あなたは、社内研修に行って、「どうだった？」と先輩に聞かれてうまく説明できなかったり、自分で進んでセミナーを受講したのに、あとで学んだことを思い出そうとしても「??」となってしまうことはないでしょうか？

きちんと受講してメモを取っていても、漠然と取っているだけでは、記憶に残りませんし、自分の言葉で伝えることもできません。自分の言葉で伝えられない――それはつまり、自分で使えるくらいに十分身についていない、ということでもあります。

そんな状況も、1本の線で解消します。

講師の話をそのまま書くだけでもメリットは大きい

セミナーで話している内容をメモすること自体が大変という方もいると思いますが、これには大きなメリットがあります。

メリットの一つとして、記憶の定着がよくなることが挙げられます。

紙のノートの脳科学的効用に関する東京大学の研究では、紙のノートに書いた場合と、スマホやタブレットなどの電子機器に記録した場合を比べると、ノートに書いたほうがより記憶に残りやすくなると述べられています。

また、書くことで、自分では思いつかないような言葉や表現、新しい知識を知ることもできます。「語彙力」が高まり、状況に応じて適切な言葉を選んだり、例え話がうまくなるなど、「表現力」も豊かになります。

以前、コピーライターの方から、まずは上手な先輩のセールスレターを写して書くことで、流れや言葉遣いをそのまま体感する練習方法があると聞いたこともあります。また、外国語の学習では、ディクテーション（聞いたことをそのまま書き起こすこと）や筆写（見たものをそのまま書き写すこと）が効果的な学習法として知られています。これにより、言葉や文法のリズムを体感として身につけることができるからです。

誰かが話したことを書くという作業も、これと同様の効果があります。

「受け身」のメモと、「抽象化する」メモ

このように、誰かの話をそのまま書くというだけでも、もちろんメリットはあります。だからこそ、私たちは、子どもの頃からこのような、いわば「受け身のメモ」に慣れ親しんできました。

でも、それだけでは、内容を整理して他の人に伝えたり、自分で考えを深めたり、別の場面で使ったりと、応用することがなかなか難しいですよね。

また、今はどちらかというと情報過多に陥ってしまうケースのほうが多いため、知識をどんどん足すことよりも、コミュニケーションの目的に合った形で情報を整理することが重要のように思います。

そこでおすすめしたいのが、**メモした内容の一段高いところにある「抽象化した情報（構造や関係性）」**を使うことです。

具体的な方法については、このあと紹介していきますが、聞いた内容そのものだけでなく、少し上から全体を俯瞰して、「要するにこういうことを言っ

ているんだよね」といった構造や関係性を見つける。そしてそれを別のことに転用していく。これができるようになると、学んだことをいろいろな場面でクリエイティブに活用していけるようになります。

それでは、セミナーの場合を例にとって、説明していきたいと思います。

1本の線で「学び」を自分のものにする

セミナーに臨む前の準備

いつものように、真ん中に1本線を引きます。

まず、学ぶ目的を明確にして、メモの一番上に書いておきましょう。

左側に、

- **日付**
- **セミナーのテーマ**

右側に

- **学ぶ目的、目指すべきゴール**

を書きます。

セミナーであれば、受講することで自分は何を得て、何に活かしたいのか、といった目的が必ずあるはずです。

「何のためにその情報を使うのか」。ここを見失ってしまうと、書き取る内容が的外れになってしまい、せっかくメモを書いたのに、あとからうまく整理できない、結局使えないということにもなりかねません。目的を常に意識

図3-1　学びを言葉にするメモの基本型

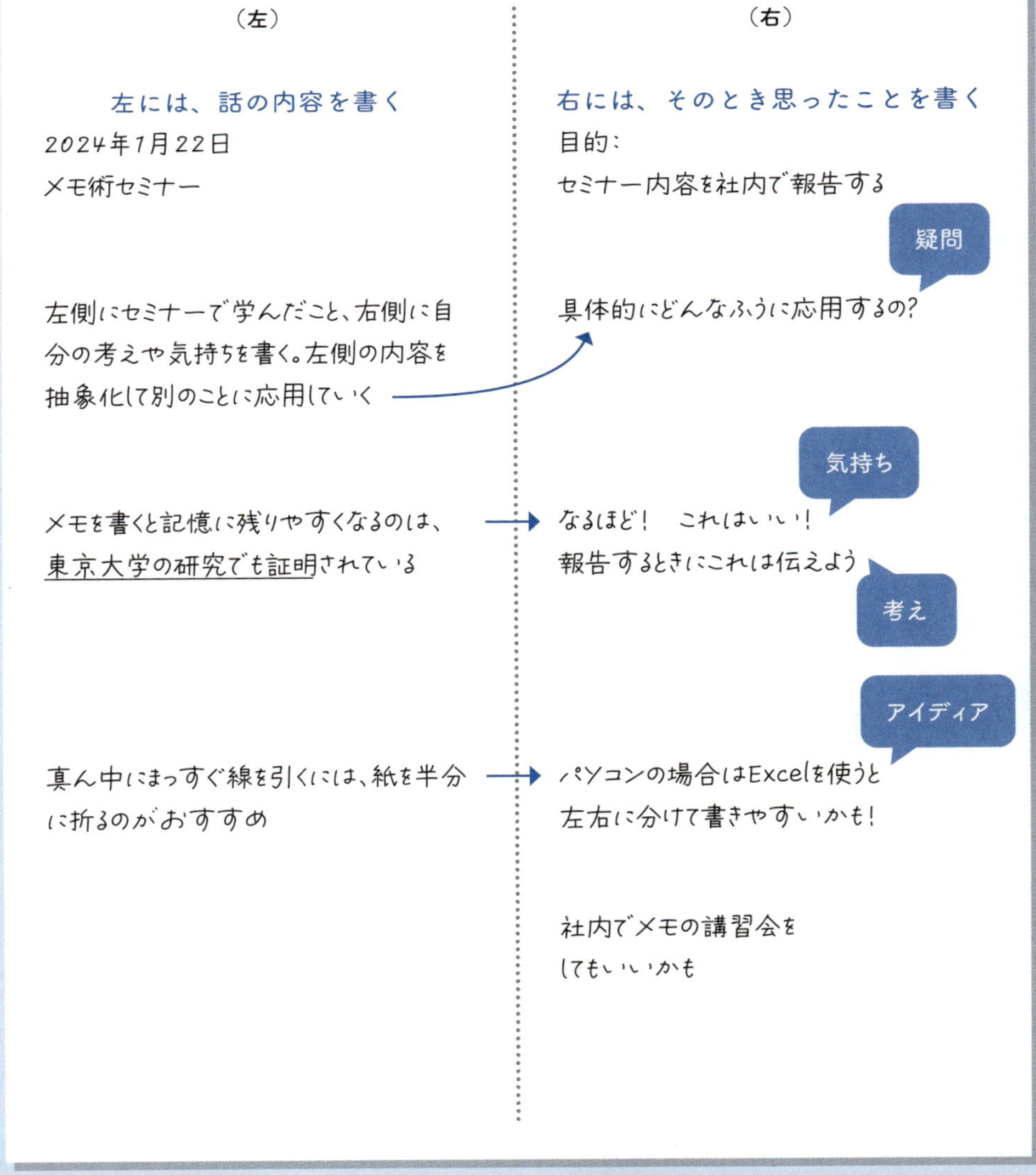

（左）
（右）
左には、話の内容を書く
2024年1月22日
メモ術セミナー
左側にセミナーで学んだこと、右側に自分の考えや気持ちを書く。左側の内容を抽象化して別のことに応用していく
メモを書くと記憶に残りやすくなるのは、東京大学の研究でも証明されている
真ん中にまっすぐ線を引くには、紙を半分に折るのがおすすめ
右には、そのとき思ったことを書く
目的：
セミナー内容を社内で報告する
疑問
具体的にどんなふうに応用するの？
気持ち
なるほど！　これはいい！
報告するときにこれは伝えよう
考え
アイディア
パソコンの場合はExcelを使うと左右に分けて書きやすいかも！
社内でメモの講習会をしてもいいかも

することで、聞き取るべき内容がクリアになり、メモもとても書きやすくなります。

また、事前の情報収集をするのもおすすめです。

当日いきなり参加するのではなく、たとえば、セミナーなら講師の著書やSNSの投稿に目を通しておいたり、受講案内を見て概要を把握しておくとよいでしょう。何か難しい専門用語が使われていたら、事前に確認することもできますし、長い固有名詞などは略語を用意しておくこともできます。

基本の書き方

それでは、準備ができたらセミナーに臨みます。

まず1本線の左側に聞いたことを書いていくのは、第2章と同じです。

学ぶためのメモについては、時間が経ってから見返す場合も多いと思います。講師の話が一息ついたところで見直し、その場で書き取れなかったところがあれば記憶が新しいうちに説明を添えておくなど、あとから見返したときにわかりやすくなるよう意識して書くとよいです。

右側には、学びの目的を意識しながら、自分の考えやアイディア、気持ちなどを書いていきます。左側を書きながら思い浮かんだことがあれば、そのつど書いてもかまいませんし、まずは左側を書くことに集中し、一区切りついたところで書き込んだり、あるいは休憩時間などに書くという形でもよいと思います。

最後に、メモから少し目を離して全体を眺めながら、自分の目的に合わせて、学んだことをまとめます。

次ページから詳細を説明します。

学んだことを言語化して自分のものにしたい❶

セミナーの内容を仕事や生活に活かす

感情の動きから気づきとアクションプランを言語化する

子どもの頃の学校の授業とは違って、私たち大人がセミナーなどに参加して学ぶ目的は、学んだ内容を仕事や日常生活に活かして、現実をよりよくすることではないでしょうか。

そのためには、講師が話した内容から自分なりに得た気づきと、具体的に仕事や生活に活かすためのアクションプランを言語化して、実際に行動へ移すことが必要になります。ここでは「1本線メモ」を使って、アクションプランまで書いてみましょう。

右側を書くときは、

①感情の動きを見逃さない
②なぜそう感じたかを深掘りする
③具体的なアクションプランを言葉にする

の3ステップを意識します。

①感情の動きを見逃さない

他の人の話を聞いていて「なるほど！」「これはやってみたい！」と思うのは、多くの場合、自分の中でなんらかの感情が動いたときではないかと思います。

講師の話を聞いていると、「それは知らなかった！」「新しい考え方だな！」と感心したりワクワクしたり、あるいは「こうすればいいのか……」「だから成果が出なかったのか……」とハッとしたり、なんらかの感情が動く瞬間があるはずです。

感情の動きを感じたら、それをすぐに右側に書いておきます。第2章のときと同じように、「☆」や「！」など自分なりのマークを書いておくだけでもかまいません。

まずは、自分のちょっとした感情の動きを見逃さないことが大切です。

②なぜそう感じたかを深掘りする

感情の動きに気づけたとしても、その理由が自分でもよくわからず、うまく言葉にできないこともあるかと思います。

そのときは、左側にメモした内容を見ながら、「なぜその言葉が気になったんだろう？」「なぜその知識がよいと思ったんだろう？」などと自分に問いかけながら、理由（Ｗｈｙ）を考えてみましょう。

すると、自分の経験と結びつくことで言葉が出やすくなりますし、その内容の活かし方も見えてきます。

一例として、図３－２は、私が開催したワークショップの参加者さんが実際に話していたことをもとに作ったメモの例です。

この方は、メモを書いても、情報がバラバラになって見づらくなってしまう、あとから見て何だったかわからなくなってしまう、という悩みがありました。

講師の「メモの真ん中に線を1本引いて紙を縦長に使うと、メモが速く書けて見やすくなる」という話にハッとして理由を考えたところ、自分のメモが見づらくなっていたのは「3か所くらいに分散されて情報が書かれていることが原因だった」ということに気づいたそうです。

③具体的なアクションプランを言葉にする

図3-2　セミナーの内容を仕事や生活に活かす

（左）

2024年1月22日
線1本メモ術ワークショップ

外メモの書き方

メモを縦長に使う
左側→講師の話
右側→自分の考えや気持ち

ただ書くだけでもメリット◎
・語彙力UP
・構成力UP
・言葉のリズムが身につく

事前準備
1.メモを書く目的を明確に
・内容から学びを得る？
・構成を学ぶ？
・講師の話し方を学ぶ？

2.事前に情報収集
・講師の本など読んでおく
・略語を用意しておく

（右）

目的：セミナー内容を仕事に活かす

感情の動きを見逃さない

★なるほど！
今まで横幅が広くて、3か所くらいのかたまりでメモしてた。確かに、縦の列がそろうとめっちゃ見やすい

なぜよいと思ったんだろう？（Why）

資料に書き込むときとか
線が引けないときでも縦のラインをそろえればいい！

アクションプラン

聞いたやり方がなぜよいのか、自分のやり方がなぜうまくいかなかったのか、といった「なぜ」がわかれば、「では、それをどんな場面でどんなふうに実践したらいいか？」という具体的な行動案もおのずと浮かんできます。

この事例の場合は、「縦のラインがそろうとメモが見やすくなる」という点に注目して、「資料に書き込むときなど、必ずしも線が引けない場面でも、縦のラインをそろえて書くようにしてみよう」という、自分なりの具体的なアクションプランを言葉にすることができました。

このように、感情の動きから気づきとアクションプランを言語化するときには、

①感情の動きを見逃さない
②なぜそう感じたかを深掘りする
③具体的なアクションプランを言葉にする

の3つのポイントを意識してみてください。

学んだことを言語化して自分のものにしたい❷
セミナー終了後すぐ内容が話せるようになる方法

構造から内容を端的にまとめる

セミナーや講演を聞いて「学びになった」「面白かった」とは思うものの、その後、見直すことなく忘れてしまう、ということもあるのではないでしょうか？　そうならないためには、セミナー終了後に、内容がコンパクトにまとめられているといいですね。

また、社内研修に自分が代表として参加してその内容をチームメンバーに報告するといったときも、聞いた直後に、すぐまとめられると便利です。

聞いた内容を端的にまとめて、すぐ伝えられるようにするためには、メモの書き方にコツがあります。

それは、書きながら「**構造化**」していくことです。

講師の話を聞きながらメモを書いていくところはこれまでと同じですが、途中、一区切りついたタイミングなどで、その流れを少し俯瞰して見てみましょう。すると、内容ごとのまとまりがあることに気づくはずです。

特に、講師が「まず」「第一に」「次に」「結論としては」などと話したときは、そこで話の内容が変わる可能性が高いです。また、「〜でしょうか？」という「問題提起」や、「解決策」などの言葉にも着目して、ひとまとまりにしていきます。

そして、そのまとまりごとに「要するに何の話か？」を考えてタイトルをつけていきます。

すると、右側を見ただけで、どんな講義だったかが、あとからでも一目でわかりますし、これを見ながら、要点だけを端的にまとめて、伝えることができます。

図3－3のセミナー内容を端的にまとめると、

「講義を受けても忘れるのは、漠然とインプットしていたり、目的とゴールのイメージがあいまいだから。よって、最初に学ぶ目的を書くことが大事」

ということになります。

図3-3　その場で構造化し、学びを自分のものにする

（左）	（右）
2024年1月22日 メモ術セミナー	目的 セミナーの内容を社内で報告する
	タイトルをつけるとしたら？
せっかく講義を受けてもすぐに 忘れてしまうのはなぜか？	問題提起 講義を受けても忘れてしまう
	要するに何？
（まず～） 多くの人はなんとなくインプットしている listenではなくhear（なんとなく聞く） lookではなくsee（なんとなく見る） になっている	1つ目の問題 漠然とインプットしている
（次に～） 学ぶ目的とゴールのイメージがあいまい 大量の情報から何を学びとったらよいか わからない	2つ目の問題 目的やゴールのイメージがあいまい
（解決策としては～） 「自分は何を学びたいのか？」 自分に質問して目的を書いておく 選択的注意が働いて答えを探そうとする	解決策 学ぶ目的を最初に書く

まとめるための「3つの質問」

ただ、一口に「まとめる」といっても、最初はそれが難しいという人も多いと思います。そんなとき、私がよく使うのは次の3つの質問です。

「一言で言うと？」
「要するに何？」
「何か他のことに応用できそう？」

「一言で言うと？」「要するに何？」は、話をまとめるときの定番の質問です。ただ、なかなか要点を1つにしぼれないこともあるでしょう。その場合はポイントを3つくらい挙げても大丈夫です。

まとめるのが上手な人は、よく「大事なことは次の3つです」「主な理由は3つです」と、ポイントを3つくらいまでにしぼって伝えることが多いように思います。文章を読んでいても、「○○の3つの特徴」「○○する方法3

図3-4　伝えたい内容を端的にまとめる

（左）

言葉はコミュニケーションのツール
言語化とはコミュニケーションのための素材を集めて整理すること
「どう伝えるか」より「何を伝えるか」が大事

悩み
・会議でアイディアはあるのにうまく言えない
・プレゼンや面接で考えや熱意が伝わらない
・考えや感情があるはずなのに、なぜうまく言葉にできないのか？

頭の中だけでぐるぐる考えているから
語彙・知識が足りていないのではない
頭の中身は見えない。見えないものを整理するのは難しい
→　メモで「見える化」

情報整理の第一歩は分けること
フレーム＝ロジカルシンキングの基本
→　メモに線を引いて情報を「分ける」

いくらフレームが大事でも分けるのが大変だと面倒になったり続けられなくなる→本末転倒
線1本で「事実」と「考え・気持ち」を分けるだけで十分
誰でもいつでもできる

（右）

要するに何？

言語化とは何か
＝コミュニケーションの素材を集めて整理すること
（何を伝えるか）

タイトルをつけるとしたら？

問題提起
なぜ想いを言語化できないのか？

要するに何？

1. 頭の中だけで考えても整理できない
メモを使って見える化する

2. 情報整理の基本は「分ける」
メモに線を引いて情報を「分ける」

3. 簡単に続けられることが大事
1本線で「事実」と「考え・気持ち」を分けるだけで十分

一言で言うと？

メモに1本線を引いて「事実」と「考え・気持ち」に分けて整理すると想いを言葉にできるようになる

何か他のことに応用できそう？

コンサルやカウンセリングで、クライアントの想いを言葉にしてもらうときにも使えそう！

選」のようにまとめているものは、理解しやすく覚えやすいですよね。

脳科学の研究によれば、「人間の脳の中で一度に処理できる情報は3つまで」という見解もあるそうです。自分自身が理解するためにも、相手にわかりやすく伝えるためにも、だいたい3つくらいまでにまとめることを意識するとよいでしょう。

また、「何か他のことに応用できそう？」という質問に答えるというのは、具体的な情報の一段上にある抽象的な情報を取り出して、別の場面でも使えるかどうかを考えてみるということです。

たとえば、動画配信のサブスクリプションサービスを「会員制にして毎月会費をもらうサービス」という抽象化した構造でとらえ、自社のサービスに応用できないかと考えるようなことです。

この「抽象的な情報を取り出す」ということに慣れると、話を端的にまとめやすくなりますし、知識や情報を活用しやすくなります。

学んだことを言語化して自分のものにしたい❸
セミナーのやり方を学ぶ

「セミナーの構成」を学ぶ

ここまでは、話の内容そのものを身につけるためのメモの使い方についてお伝えしました。この他に、セミナー講師の話し方や構成の仕方を学びたいと思って参加する方もいると思います。

その場合も、❷の事例と同じように、話の流れを俯瞰して「構造化」していくとポイントがつかみやすいです。

これまでと同じように、左側には話の内容をメモしていきますが、構成を学ぶ場合はあまり事細かに書く必要はなく、だいたいどんな流れだったか思い出せる程度にメモすれば足ります。

そして、切りのいいタイミングでメモから少し目を離して、話の流れを俯瞰して見てみましょう。話のまとまりがいくつかできていることに気づくと思いますので、そのまとまりごとに右側に「枠」を作っていきます。

「枠」には、「定義」「問題提起」など、その枠の中で何が話されているのかを、見出しとして付けていきます。
❷の事例では話の内容を一言でまとめましたが、さらにその一段上にある抽象的な概念だけを取り出すイメージです。
「枠」を作っておくことで、セミナーの構成がより「見える化」されます。

また、「もし自分が講師だったら、ここでこんなことを話そう」というアイディアが浮かんできたら、その枠の中にメモしておくこともできます。
こうして、自分の場合に当てはめて「枠」を埋めていけば、自分自身のセミナーができあがります。

図3-5　枠を作ってまとめる

（左）

言葉はコミュニケーションのツール
言語化とはコミュニケーションのための素材を
集めて整理すること
「どう伝えるか」より「何を伝えるか」が大事

悩み
・会議でアイディアはあるのにうまく言えない
・プレゼンや面接で考えや熱意が伝わらない
考えや感情があるはずなのに、なぜうまく言葉に
できないのか？

頭の中だけでぐるぐる考えているから
語彙・知識が足りていないのではない
頭の中身は見えない。見えないものを整理する
のは難しい
→　メモで「見える化」

情報整理の第一歩は分けること
フレーム＝ロジカルシンキングの基本
→　メモに線を引いて情報を「分ける」

いくらフレームが大事でも分けるのが大変だと
面倒になったり続けられなくなる→本末転倒
→　線1本で「事実」と「考え・気持ち」を分ける
　　だけで十分
誰でもいつでもできる

（右）

定義

問題提起

理由と解決策 1

理由と解決策 2

理由と解決策 3

他の人のプレゼン構成をもとに自分のプレゼン原稿を作ろう

この「枠」を作る方法は、企画書やレポート、プレゼン原稿などを作るときにも使えます。

図3－6、3－7は、実際に、私が出版塾のプレゼン大会で本書の企画を発表するとき、プレゼン原稿を作るために書いたメモの例です。

このときは、過去に行なわれたプレゼン大会で上位入賞された方々の動画をいくつか見せていただき、その流れから「枠」を抽出して、自分のプレゼンを作っていきました。

まずは、メモの左側に、参考にしたプレゼンのだいたいの内容を書いていきました。そして、話のまとまりごとに右側に「枠」を作り、「タイトル」「プロフィール」「問題提起」といった見出しをつけていきました（図3－6）。

そして、その「枠」に自分の伝えたいことを当てはめていけば、おおまかな自分のプレゼン原稿ができあがります（125ページ図3－7）。

もちろん「プレゼン　テンプレート」などのキーワードで検索をすれば、一般的なプレゼンのテンプレートも手に入ります。今では、生成ＡＩを使ってプレゼン原稿を作ってもらう、といったこともできますよね。

図3-6　1本線で「プレゼン」を学ぶ①

（左）	（右）
2023年10月11日　TAC 3分間プレゼン・メモ	目的：プレゼンの構成を学ぶ
本のタイトル「○○○○」	タイトル
・名前→医師です ドクターヘリ 集中治療室 海外医療活動	プロフィール
最前線で医療にかかわる中で なぜ多くの人がこんなに悪くなって からくるの？	問題提起
何が原因か知りたくて、大学院へ進学 年間500本以上の論文に目を通してきた エビデンスに基づいた情報が知られていない 教育 優秀な先生が書くと難しい 5歳と2歳の子どもがいる母として、とにかくわかりやすく 伝えることをモットーにしている	解決策
（例）ヘルシーだと思いますか？ Q 常識 → 炭水化物 Q 常識 → 睡眠 Q 常識 → コーヒーを店の入口で配る Q 常識 → 連想ゲーム こういった知識を伝えていきたいと思います	具体例
ぜひ、一緒にがんばらせていただきたいと思います よろしくお願いいたします	まとめの一言

ですが、「この出版塾のプレゼン大会で、審査員である編集者さんに興味を持ってもらい出版へつなげたい」という自分の目的にぴったり合ったテンプレートを探すことは難しいですし、一般的なテンプレートを自分用にアレンジするのもなかなか難しいです。ここがうまくできなくて悩んでしまう人も多いのではないでしょうか。

だったら、同じ条件で過去にうまくいった事例や、同じ部署の上司や先輩が作った書類などの「枠」をそのまま参考にしたほうが、自分の目的にぴったり合った流れを学ぶことができて、効率的であることも多いと思います。

図3-7　1本線で「プレゼン」を学ぶ②

（左）

2023年10月11日　TAC 3分間プレゼン・メモ

本のタイトル「〇〇〇〇」

・名前→医師です
ドクターへり
集中治療室
海外医療活動

最前線で医療にかかわる中で
なぜ多くの人がこんなに悪くなって
からくるの？

何が原因か知りたくて、大学院へ進学
年間500本以上の論文に目を通してきた
エビデンスに基づいた情報が知られていない
教育

優秀な先生が書くと難しい

5歳と2歳の子どもがいる母として、とにかくわかりやすく
伝えることをモットーにしている

（例）ヘルシーだと思いますか？
Q 常識　→炭水化物
Q 常識　→睡眠
Q 常識　→コーヒーを店の入口で配る
Q 常識　→連想ゲーム
こういった知識を伝えていきたいと思います

ぜひ、一緒にがんばらせていただきたいと思います
よろしくお願いいたします

（右）

目的：プレゼンの構成を学ぶ

タイトル
「線1本」で想いを言葉にするメモ術

プロフィール
元裁判所書記官
（横浜地裁・最高裁）
年間2000件の調書
事務局で研修担当
最高裁で出張事務

問題提起
想いを言葉にするのが苦手
特に文章を書くのが苦手

解決策
頭のよさとは関係ない
整理できないだけ
線を1本引いて事実と判断を分ける

具体例
実際のメモを見せながら
言語化のプロセスを解説

まとめの一言
他人を尊重しつつ自分を自由に表現して
才能を発揮する人を増やしたい

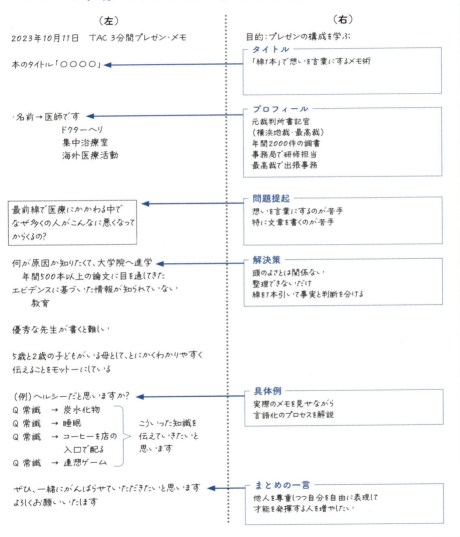

学んだことを言語化して自分のものにしたい❹

講師の話し方を学ぶ

自分がセミナーや研修などの講師をするために、講師の話し方を学びたいという場合もあると思います。

❸の事例と同じように、左側には話のだいたいの内容をメモしていきます。また、講師の話を聞きながら、気になる話し方を見つけたときは、「ここでこういう例え話が入った」「ここで間《ま》がこのくらい空いた」「ここで声のトーンが変わった」といったこともあわせて書いておきます。

そして、あとからでもかまいませんので、その「気になる話し方」について次のような質問を自分に投げかけ、出てきた答えを右側に書いてみましょう。

「なぜ、そうするのか？」
「自分だったらどうする？」

たとえば、図3−8のようなメモを書いたとします。

自己紹介のパートで、講師が自分のどん底だったエピソードを自虐的に話しているとき、思わず聞き入ってしまいました。

図3-8　「話し方」を学ぶ

（左）

（Nさんのセミナー）

※どん底だったエピソード

・息子のイヤイヤ期と赤ちゃん返り
　英語も子育てもどん底に

・高額教材も絵本ビリビリ、CDやDVDは傷だらけ
　月3000円のレッスン代もドブに捨て続ける

・息子にハつ当たり、寝顔に向かって謝る日々

・社会とのつながりも仕事のやりがいも
　感謝されることもない閉塞感

サウンドイングリッシュに出会い

・英語コンプレックスが消えた

・子どもたちと英語を楽しめるように

・7歳の娘は英語大好きに

・9歳の息子は洋楽をまるまる耳コピ

・英語を教える仕事で収入も10倍以上

・公立小学校の出前授業の依頼を受ける

なぜ多くの親は子どものために高額英語教材を
買うものの途中で挫折してしまうのか?

※「ちょっと考えてみてください」のあと間が空いた。
　1～2分沈黙?

※声のトーンも一転シリアスに

（右）

なぜ、ここにこの話を入れたの?

思わず聞き入った
こんなふうに話せば、そのあとにくるすごい実績が
嫌味に聞こえない
むしろサウンドイングリッシュすごい!と思えた

自分だったらどうする?

育児ノイローゼになったときのエピソードが使えるかも?

なぜこんなに間が空いたの?
なぜトーンが変わったの?

自分ならどうする?

参加者が考える時間を取ったのだろう
自分はこの沈黙に耐えられないかも
隣の人と話し合うワークの時間にする?

確実に印象に残るし、問題提起の重要さが声からも
伝わる
他にも、その日一番の重要ポイントを伝える場面で
やってみよう

そんなときは、「**なぜ、ここにこの話を入れたのか？**」「**自分だったらどうする？**」という質問をしていきます。すると、こんなアイディアが浮かびました。

↓こんなふうに話せば、そのあとにくるすごい実績が嫌味に聞こえない。むしろこのメソッドはすごいと思えた

↓自分だったら、育児ノイローゼになったエピソードが使えそうだな

また、問題提起をして「ちょっとここで考えてみてください」と言ったあとでだいぶ間が空いた、さっきの面白さから一転、声のトーンもシリアスな感じに変わった、という点も気になりました。そこで、

「**なぜ、このタイミングで間をとったのか？**」「**自分だったらどうする？**」

↓参加者が考える時間をとっているんだろうけど……自分だったらこの沈黙はちょっと耐えられないかも。隣の人と話し合うワークの時間にしようかな

「**なぜ、ここで声のトーンが変わったのか？**」「**自分だったらどうする？**」

↓確実に印象に残るし、問題提起の重要さが声からも伝わる。その日一

番の重要ポイントを伝える場面でやってみよう

こんなふうに考えていったところ、自分が講師をする場合のアイディアを言葉にすることができました。

こうして「なぜ？（Ｗｈｙ）」を考えていくことで、個別・具体的な情報が、抽象的な情報へと引き上げられます。そのうえで、「じゃあ、自分だったらどうする？（Ｈｏｗ）」を考えてみることで、また別の具体的な場面や方法で使えるようになります。具体的なアイディアが浮かんだら、それも忘れずに書いておきましょう。

このように、セミナーの内容を言語化するといっても、学ぶ目的によってメモの書き方やその後の活用の仕方が変わってきます。

そして、それぞれの目的に応じて適切な質問を自分に投げかけることで、聞いた話そのものだけではなく、その一段高いところにある「抽象化した情報（構成・関係性）」を見つけ、別の場面に応用して使えるようになっていきます。

学んだことを言語化して
自分のものにしたい❺

英語も1本線で使える言葉に変わる

すぐに会話ができるようになる「英語学習ノート」

学校や会社で英語を学ぶ機会は多いかと思いますが、せっかく会話のフレーズをたくさん習っても、なかなか覚えられない、実際の会話の場面でとっさに使えない、ということはありませんか?

私自身も、いくら教科書やフレーズ集に書いてあることを覚えても、ネイティブの先生との会話はおろか、大事な面接で話せない、ホームステイに行ってもほとんど話せずに帰ってくる、といったことの繰り返しで自信をなくしてしまったことがあります。

要は、よくある英会話フレーズ集というのは、抽象化・一般化されたフレーズのみが羅列されていて、それを具体的に自分の場合に落とし込めないから、なかなか身につかない、実際の場面でとっさに使えない、ということになってしまうのだと思います。

これも1本の線を引くことで解決できます。

左側には、学んだフレーズを書いていきます。

右側には、❹の事例でも出てきた「**自分だったらどうする（どうなる）？**」の質問を投げかけながら、自分が実際に使いそうな具体的なフレーズに換えて書いていきます。

実際に使う現場を思い浮かべ、「このフレーズを言ったあとには、こんな質問も自分からしてみよう」といった会話のシミュレーションも書いておくと、より実践的になります。

133ページ図3－9では、自己紹介のときによく使われるフレーズや例文を左側に書いて、右側には自分の場合に落とし込んだ会話例を書き出しています。

たとえば、「I'm～（名前）」というフレーズを左側に書いたら、その右側には、「I'm Masayo Sano.」と自分に当てはめたフレーズを書いておきます。

このとき、名前を言う前には「Hi!」といった挨拶が、名前を言った後には「Nice to meet you.」などの挨拶がくることが多いので、それらも補足しておきました。

また、仕事について話す場面では、「I'm a～（職業）」「I work for～（勤務先)」といったフレーズがあります。これもそれぞれ、「I'm a court clerk.(私は裁判所書記官です)」「I work for the Yokohama District Court.(私は横浜地方裁判所に勤務しています)」という具体的な情報に換えて書きます。

さらに、自分が答えたあとに相手にも質問する場面を想定して、赤で「What do you do?(ご職業は?)」と入れておきました。

このように、様々な会話のパターンを自分の場合に置き換えたノートを作っておけば、それを見るだけで、楽に英語が話せるようになっていきます。

通訳・翻訳者であり、英検1級、TOEIC・IELTSが満点の友人も、「何百というフレーズを暗記するよりも、基本の30~50フレーズを自分の場合に置き換えて、自動的に口から出てくるくらい練習するほうが、実際の会話の場面で話せるようになる」と言っていました。

はじめはノートを書くことが大事ですが、この「抽象的なフレーズを具体的な情報に置き換える」という思考のプロセスに慣れていけば、だんだんとノートを書かなくても、学んだフレーズを実際の会話でパッと使うことができるようになっていきます。

図3-9　英語も1本線を引いて会話を学ぶ

（左）	（右）
・I'm ～　（名前） ・My name is ～　（名前） 〈面接などフォーマル〉	Hi! I'm Masayo Sano. Please call me Mayo. Nice to meet you.
・I'm from ～　（出身地） ・I live in ～　（住んでいるところ） ・I'm a ～　（職業） ・I work for ～　（勤務先）	I live in Kanagawa. It's next to Tokyo. I'm a court clerk. I work for the Yokohama District Court. What do you do?
・I like ～ing　（趣味） ・I enjoy ～ing	I like reading books. I read books about business,education, and parenting. I enjoy watching ballet. I used to take ballet lessons when I was a student. What do you like to do in your free time?

子どもの宿題も「枠」を使ってまとめられる

本書の「はじめに」では、娘が「調べる学習コンクール」でいくつか賞を受賞したエピソードを書きましたが、このときも同じような考え方を使って作成していきました。

まず、レポート全体の流れについては、過去のコンクールにおける優秀作品が公開されているので、それらを参考にしました。

具体的には、だいたい最初に「テーマを選んだ理由」と「調べた方法」がきます。次に「本で調べたこと」、その中でもっと深く知りたいことについて「大人へのインタビュー」をしたり、博物館や美術館などで「実際に体験したこと」を書き、最後は、「全体のまとめ」「感想」「参考文献」という項目で終わるという構成でした。

ただし「抽象化」の思考ができるようになるのは、だいたい13歳くらいからだといわれています。小学2年生の娘にはまだ難しいため、その部分は私が手伝いながら、娘と一緒に目次を作りました。

次に、個々の項目について内容を書く場面では、1本線メモを応用しました（図3－10）。

図3-10　1本線で宿題のレポートをまとめる

（1枚目）

（本で調べた内容や実際に見聞きしたこと）

どこが一番気になった？

・ゴッホさんは絵がだいすきでたくさんかいていたのに、生きているうちにうれたのはたったの1枚

どこの部分を
みんなに伝えたい？

・いまはゴッホの絵はせかいじゅうの人にあいされている

SOMPOびじゅつかんで
ほんものの「ひまわり」を見た

（2枚目）

（自分の感想や考えたこと）

それについてどう思った？

かわいそう

他に想像したことは？

ふくざつだけど、うれしい気持ちかも

どんな大きさ？

おもったより大きい

どんな形？

えのぐがもりもりにぬってあってほんもののおはなのようにみえた

どんな色？

おもったよりたくさんいろをつかっていて
「すごい」とおもった

子どもは、字も大きく広いスペースが必要なので、1枚の紙を半分に分けるのではなく、紙を2枚並べて、1枚目は本で調べた内容や実際に見聞きしたこと、2枚目には自分の感想や考えたことをメモするようにしました。

具体的には、本を見ながら「**どこが一番気になった?**」「**どこの部分をみんなに伝えたい?**」と聞きながら、調べた内容を1枚目に書きました。そして、「**それについてどう思った?**」「**感想をいっぱい教えてくれる?**」と聞いて、出てきた感想を2枚目に書いていきました。

感想が出ないときは、五感を使って質問をする

子どもは、「すごかった」「おもしろかった」だけで終わってしまい、なかなか具体的な感想が出ないことも多いです。その場合は、五感を使ってどう感じたかを質問していくと、おもしろい感想を引き出すことができます。

たとえば、レポートの中に、画家のゴッホについて本で調べ、実際に美術館で「ひまわり」の実物を見た様子を書くパートがありました。

「ひまわり」の実物を見た感想を聞いても、「すごかった」という言葉しか

出てこなかったので、

・どんな大きさ？／どんな形？／どんな色？／いくつある？／他にも想像したことなどはある？

と聞いていったところ、「おもったより大きい」「えのぐがもりもりにぬってあってほんもののおはなのようにみえた」といった感想が出てきました。

このメモをもとに、最終的にレポート用紙にまとめた作品の一部を次ページ図3－11に載せます。このように、調べた事実と自分の感想を分けることで、書くことがだいぶスッキリと整理されます。

なお、レポートにまとめるときは、基本的に、話のまとまりごとにメモの左→右、左→右の順で事実と感想を交互に書いていくと、事実の羅列だけではなく、その人らしさが出た内容になっていきます。

これは小学生の自由研究ですが、調べたことや体験したことをまとめるレポート作りは、基本的に考え方は同じです。1本線メモを使えば、小さな子どもでも情報や自分の意見をまとめて、わかりやすく人に伝えられるようになる、ということを実感していただけるのではないでしょうか。

図3-11 実際の宿題

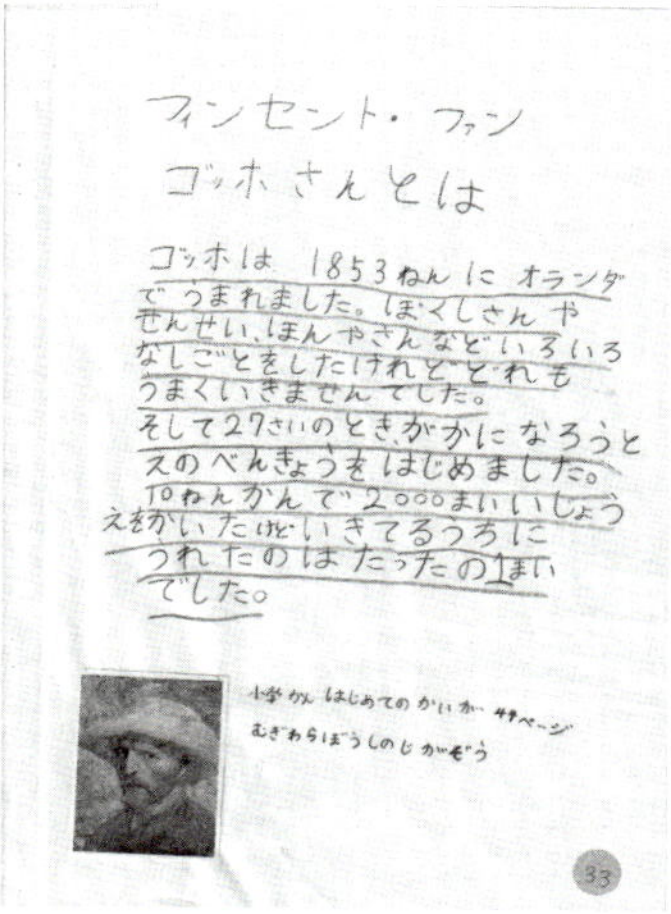

フィンセント・ファン
ゴッホさんとは

ゴッホは　1853ねんに オランダ
でうまれました。ぼくしさんや
せんせい、ほんやさんなどいろいろ
なしごとをしたけれどどれも
うまくいきませんでした。
そして27さいのときがかになろうと
えのべんきょうをはじめました。
10ねんかんで2000まいいじょう
えをかいたけどいきてるうちに
うれたのはたったの1まい
でした。

小学かん はじめてのかいが 44ページ
むぎわらぼうしのじがぞう

33

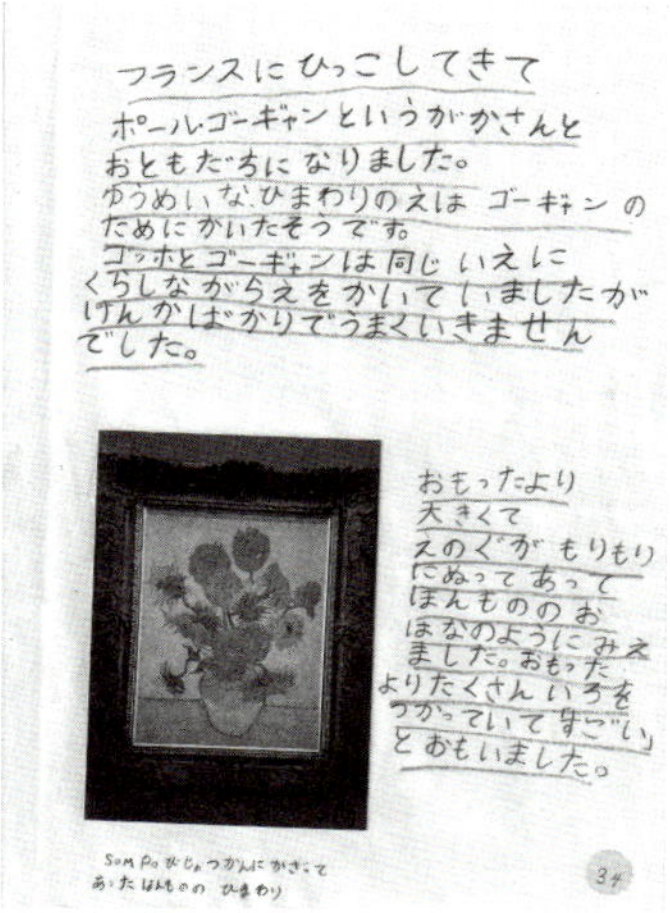

フランスにひっこしてきて
ポール・ゴーギャンというがかさんと
おともだちになりました。
ゆうめいな、ひまわりのえは ゴーギャン の
ためにかいたそうです。
ゴッホとゴーギャンは同じいえに
くらしながらえをかいていましたが
けんかばかりでうまくいきません
でした。

おもったより
大きくて
えのぐが もりもり
にぬってあって
ほんもののお
はなのようにみえ
ました。おもった
よりたくさんいろを
つかっていてすごい
とおもいました。

SOMPOびじゅつかんにかざって
あったほんものの ひまわり

34

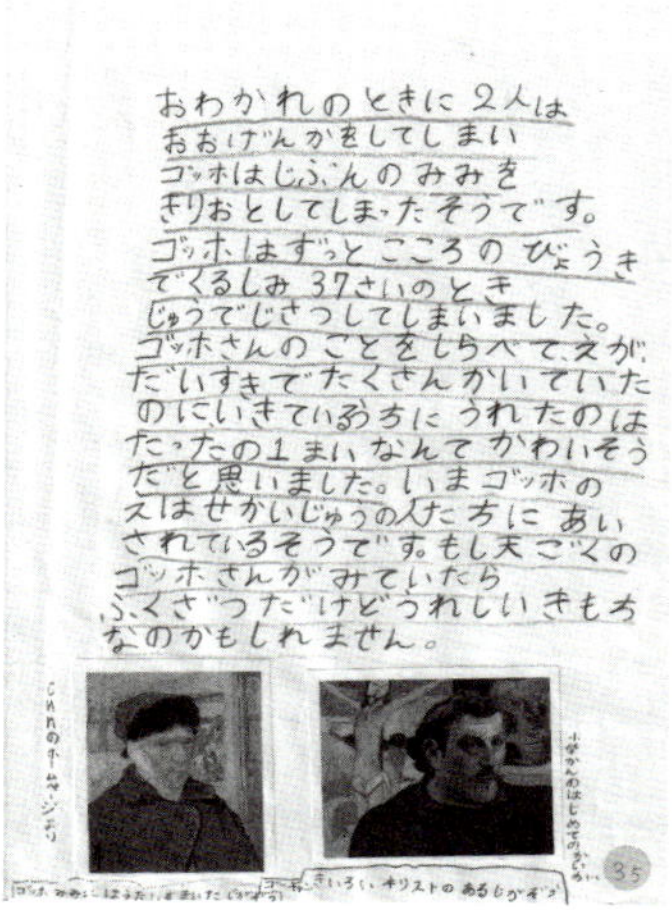

おわかれのときに2人は
おおげんかをしてしまい
ゴッホはじぶんのみみを
きりおとしてしまったそうです。
ゴッホはずっとこころのびょうき
でくるしみ37さいのとき
じゅうでじさつしてしまいました。
ゴッホさんのことをしらべて、えが
だいすきでたくさんかいていた
のにいきているうちにうれたのは
たったの1まいなんてかわいそう
だと思いました。いまゴッホの
えはせかいじゅうの人たちにあい
されているそうです。もし天ごくの
ゴッホさんがみていたら
ふくざつだけどうれしいきもち
なのかもしれません。

35

第4章

1本の線で
自分の考えや
気持ちをまとめる

私たちが人生で一番会話する相手は誰？

第1章で、コミュニケーションには、他人と行なうものと、自分自身の内面で行なうものと2通りがあるとお話ししました。

私たちは普段、意識していないかもしれませんが、**「外側の言葉」**と**「内側の言葉」**を使っています。

「外側の言葉」とは、他人と会話するときに使われたり、自分が外に向かって発する、実際に聞こえる言葉です。それに対して、自分の頭の中で考えているときの言葉が「内側の言葉」になります。

あなたも、頭の中で自分に話しかけたり、一人ツッコミをしたりするときがあるのではないでしょうか。たとえば、お昼になると、「今日のランチ何にしようかな？」「麻婆豆腐にしよう。いや、昨日もそうだったじゃん」などと頭の中でつぶやいていませんか？　それが「内側の言葉」です。

『世界一やさしい　自分を変える方法』（西剛志著・アスコム刊）によると、人は1日に何千回、何万回も自分と対話しているといわれています。

実は、私たちが人生で一番会話しているのは、自分自身ということですね。

しかし、ときに内側の言葉は、うまく言語化できないことがあります。

「映画を見て感動したけれど、その想いが言葉にならない」
「何か意見があるはずなのに、うまく言葉にできない」
「アイディアを思いついているんだけど、うまくまとまらない」
「なぜかイライラするけれど、その理由をうまく言語化できない」
「今、自分が何をしたいのかよくわからない」

こんなときにも、1本線メモが使えます。

自分の内側の言葉を上手に言語化できると、それを外側の言葉に換え、会議で堂々と発言したり、企画書やレポートにまとめて提案したり、SNSやブログの記事で発信したりすることが簡単にできるようになります。

それだけでなく、自分の目標ややるべきことが明確になったり、なんとなくイライラ・モヤモヤしている感情のセルフケアもできるようになるのです。

「頭の中だけで考えてしまって、実際に行動するまでに時間がかかる」「職場の上司や、家族に対してイライラしがち」という人にとっては、内側の言葉をメモに書くことが特に効果的です。

「内側の言葉」を言語化して
考えや気持ちをまとめる❶

ふわっとした思考から、問題や課題を解決する

では実際に、自分の内側の言葉をメモで言語化するにはどうしたらよいか、仕事上の問題を解決する事例を挙げて見ていきましょう。

基本的なやり方は、これまでと同じです。まず、1本線を引いて、一番上の左側に日付とテーマを、右側に目的を書きます。その後、左側に客観的な「事実」、右側に「自分の考えや感じたこと」を書いていきます。ここまではいつもと同じです。

たとえば、「なんだか仕事がやりづらいけれど、どうしたらよいかよくわからない」という問題を解決したいとします。

その場合は、まず左側に客観的な仕事の状況を書いていきます。

ただし、自分の頭の中にある情報から客観的な「事実」を書き出すのは意外と難しいものです。どうしても自分のものの見方や考え方が入ってきて、主観的な想いに引っ張られやすくなります。

そんなときは、「質問」の力を借りてみましょう。

「8つの質問」で事実を引き出す

次のような「6W2H」の「8つの質問」を自分に投げかけてみます。

「誰が（Who）」
「誰に（Whom）」
「いつ（When）」
「どこで（Where）」
「何を（What）」
「なぜ（Why）」
「どのように（How）」
「どのくらい（How much／many）」

この8つの質問に加えて、さらに書き出したいときは「それで」「他には」と質問を重ねてみましょう。すると、連想ゲームのような要領で、芋づる式に言葉が引き出されていくはずです。

この事例の場合であれば、次のような感じで書いていきます。

「誰が（Who）」：上司が
「誰に（Whom）」：他にも人はいるのに、自分に対して
「いつ（When）」：直近では先週
「どこで（Where）」：社内で
「何を（What）」：こちらの業務量を気にせず急に仕事を振ってくる
「それで」：1人で残業が多い状態になっている
「他には」：急な仕事が多く、より大事な自分の担当業務に時間が割けない
「なぜ（Why）」：「他に頼める人がいないから」と言ってくる
「どのように（How）」：こちらが断りづらいような状況
「どのくらい（How much／many）」：1か月に2回くらいの頻度、半日くらいかかる量

ちなみに、「なぜ（Why）」という質問は、このあと右側を書くときにも出てきますが、ここでの「なぜ」は、客観的な状況やデータなどからわかる

図4-1　仕事上の問題を解決する

（左）		（右）
2024年10月15日 なんだか仕事がやりづらい		目的：原因と解決策を見つける
		一番の問題は何？
「誰が（Who）」上司が		上司が自分にだけ急に仕事を振ってきて、担当業務ができない
		（イライラポイントが見えない場合） なぜ？　考えや感情を深掘り
「誰に（Whom）」他にも人はいるのに、自分に対して	→	何か自分がいいように使われている気がして頭にくる
「いつ（When）」直近では先週	→	一番忙しいときになぜ仕事を振る！
「どこで（Where）」社内で		
「何を（What）」こちらの業務量を気にせず急に仕事を振ってくる	→	そもそもチームの業務を把握していないのはおかしいのでは？
「それで」1人で残業が多い状態になっている		
「他には」急な仕事が多く、より大事な自分の担当業務に時間が割けない	→	担当の仕事ができないことのほうがあとで面倒なことになりやすい気がする
「なぜ（Why）」「他に頼める人がいないから」と言ってくる	→	他の人をこちらから紹介してみてはどうか
「どのように（How）」こちらが断りづらいような状況	→	それってもはやパワハラ！
「どのくらい（How much/many）」1か月に2回くらいの頻度、半日くらいかかる量	→	もう自分の業務として認めてもらったほうがよいのではないか
		どうしたらいい（How）
		解決策：一度、上司と現状について話してみる。引き受けられないときは断って、より適切な人を推薦する。または、自分の正式な担当業務にしてもらって、全体の業務量を調整してもらう

目的、動機、根拠、背景、必要性などを書くということです。ただ、客観と主観を厳密に分けることは難しいと思うので、ここではあまり気にしすぎず、実際に考えられるところを書いてみてください。

右側は「What」「Why」「How」で深掘る

右側には、自分の「考えや感情」を書いていきます。

一番上に書いた「目的」を意識しながら、左側の事実に対して自分が考えたことや感じたことを書いてみてください。

事実や状況を詳しく書き出せば、それだけでも自分の一番のイライラポイントやそれに対する解決策が見えてくることもあります。

書きづらいこともあるかもしれませんが、誰に見せるものでもありませんので、ここは思い切って本心を書いてみてください。

もしなかなか言葉が出てこない場合は、次の「3つの質問」を自分に投げかけて、内容をまとめてみましょう。

「一番の問題は何？（Ｗｈａｔ）」
↓全体を俯瞰して、一番問題だと思う点や一番のイライラポイントにフォーカスする
「なぜ？（Ｗｈｙ）」
↓「なぜそれが気になるのか」「なぜそんな気持ちになったのか」自分の本音を深掘りする
「どうしたらいい？（Ｈｏｗ）」
↓具体的な解決策や次の一手を見つける

先ほどの仕事の例だと、このような感じになります。

「一番の問題は何？（Ｗｈａｔ）」
↓上司が「自分にだけ」急に仕事を振ってくる
「なぜ？（Ｗｈｙ）」
↓より重要だと思われる自分の担当業務ができないから
「それで」
↓どう考えても必要な仕事が疎かになっているので、やり方を変えてほ

しい

「他には」

↓そもそも自分にだけ振るのは不公平では？　上司の考えていることがわからない

「どうしたらいい？（Ｈｏｗ）」

↓一度、上司と現状について話してみる。引き受けられないときは断って、より適切な人を推薦する。または、自分の正式な担当業務にしてもらって、全体の業務量を調整してもらう

左側に書き出した内容から、「一番の問題は何？（Ｗｈａｔ）」を考えてもイライラポイントがすぐに見えてこない場合は、それぞれの事実についての「どう思う？」「どんな気持ち？」と質問して考えや感情を細かくメモしていき、その中から最終的に一番の問題だと思う点をしぼり込みます。

この事例では、「自分だけが仕事を振られて、担当業務ができない不公平感があること」が一番の問題であると気づき、「上司に相談して適正な業務量に調整してもらう」という解決策を言葉にすることができました。

「内側の言葉」を言語化して
考えや気持ちをまとめる❷

読んだ本や見た映画の感想を伝える

本を読んだり、映画や舞台を鑑賞したあと、その感動を誰かに伝えたいと思うことはありませんか？

直接家族や友人に話すだけでなく、今は誰もがＳＮＳや個人メディアで大勢の人に感想を伝えられます。

けれども、いざ話したり書こうとすると、言葉が出てこない――。そんな「心は動いたはずなのにうまくコメントできない」という人は、案外多いのではないでしょうか。

そこで、ここでは、前澤友作さんの宇宙旅行に完全密着したドキュメンタリー映画『僕が宇宙に行った理由』を見た感想をメルマガで書いたときのメモを例に挙げて、感想を言葉にするプロセスを紹介したいと思います。

まず左側には、日付とテーマを書き、客観的な事実として映画の内容をメモしていきました。❶の事例と同じように「６Ｗ２Ｈ」のうち必要な質問を使って、映画の内容を思い出していきます。

このときは、年末に見たこの映画を紹介しつつ１年の締めくくりのメルマガを配信したいと思ったので、右側には、一番上に「メルマガで１年の締めくくりの挨拶をする」という「目的」を書きました。そして、その「目的」を意識しながら、左側に書き出したことに対して自分が感じたことや考えたことを書いていきます。

まずは見終わったときの率直な感想として、本当に『宇宙のサバイバル』（洪在徹文　李泰虎絵・朝日新聞出版社刊）のマンガで読んだ通りだったこと、一緒に行った息子と娘の様子から、当初の目的が達成できてよかったことを書いていきました。

その後、印象に残ったシーンがいくつもある中、メルマガに書くべき内容がなかなか思い浮かばなかったので、先ほどの「3つの質問」を問いかけながら言葉にしていきました。

「一番印象に残った内容は何？（Ｗｈａｔ）」

↓コマンダーであるロシア人宇宙飛行士が「自分が初めて宇宙に行くとき、若田光一さんにたくさん教えていただいたので、それ以上のことを前澤さんたちに返そうと思った」といったことを語ったシーン

「なぜ？（Ｗｈｙ）」

図4-2　映画『僕が宇宙に行った理由』を見ての感想

（左）

2023年12月29日
『僕が宇宙に行った理由』を見た感想

Who
前澤さん
カメラマン　ひらのさん
バックアップの小木曽さん

When、Where
2021年12月頃
宇宙ステーションに12日間滞在する
（・訓練の様子
・滞在中の様子
・帰還後の様子）を追ったドキュメンタリー

Why
『宇宙のサバイバル』が好きな息子に
リアルサバイバルを見せてあげたかった

What
前澤さん
チャレンジするのが趣味
チャレンジしていないと生きてる感じがしない
世界平和に関心があった　2001、9.11くらいから
7年越し。あきらめなければ叶うよというメッセージを伝えたい

コマンダーのロシア人飛行士さん

初めて宇宙に行くとき、若田光一さんにたくさん教えてもらった、励ましてもらった
だからそれ以上のことを返そうと思った

そんな思いで3か月間、みっちり指導

（右）

目的：
映画を紹介しつつ、メルマガで1年の締めくくりの挨拶をする

※本当に、リアル『宇宙のサバイバル』だった！

息子は結構楽しめた様子
打ち上げシーンがすごかった!!
と喜んでいてよかった

娘にはちょっと退屈だったようで最後は半分寝てた
ポップコーン食べて喜んでたからOK

チャレンジすることの大切さ
応援してくれる仲間の大切さ
戦争と平和
などを考えるよい機会になった
見ると、前澤さんのイメージが変わるんじゃないかな？

Why
※恩送りってやつだよね
恩人に恩返しをするだけでなく、他の誰かに恩を送って、その人がまた別の誰かに送る

恩送りの輪を広めていけば、
もっと平和な世界になっていくハズ
国や人種を超えたご縁に感動

How
自分も恩送りをしていきたいという2024年の抱負

↓恩を受けた相手に返すだけでなく、他の人にも恩を送る＝恩送りという温かい考え方が、国や人種を超えても広がっていくことに感動したから

「どうやって？（Ｈｏｗ）」

↓２０２３年に、いろいろあったできごとを振り返りつつ、自分を応援してくださった方々への感謝の気持ちと、自分も恩送りをしていきたいという２０２４年の抱負を伝える

最終的に、メモに書いたことを「左↓右」「左↓右」の順でジグザグに伝える形で、メルマガを書いていきました。

感想は「事実」から出てくる

こんなふうに説明していくと、すらすら右側の感想を書き出しているようにも見えますが、実際には、私もいつもすんなり言葉が出てくるわけではありません。

感想を言葉にするときのポイントとしては、とりあえず自分の考えや気持ちはいったん置いておいて、「どんな内容だったか」をまず思い出して、左

側を埋めてみることです。

私の場合は、訓練の様子やロケットの打ち上げシーンを思い出していくうちに、『宇宙のサバイバル』のマンガで読んだ内容とほとんど同じだったことに驚き、「リアル『宇宙のサバイバル』だった！」という言葉が引き出されました。

大人の場合は、知識も経験も豊富なので、事実や状況を詳しく書き出せば、それだけでもなんらかの感想や意見が出てくるものです。


よくありがちですが、「その映画どうだった？」と聞かれて、思わず最初に「面白かった」と感想めいたことだけを言ってしまうと、「あれ、どんな映画だったっけ？」「具体的に、どこが面白かったんだっけ？」と自分でもわからなくなってしまうこともあります。

でも、誰が出てきて、どういう映画で……という事実から思い出していくと、その過程で「そういえば、あのロシア人宇宙飛行士の言葉が好きだったな」といったことが思い出されて、より具体的で自分らしい感想を引き出すことができます。

感想というのは、必ずもとになる「事実」があるからこそ出てくるものです。なので、具体的な感想がなかなか出てこないという人は、まずはメモの左側をしっかり埋めることから始めてみてください。

もしなかなか言葉が出てこない場合は、五感を使って思い出してみましょう。五感を通じて得た情報というのは、脳の感情や記憶を処理する部分へ直接送られるといわれています。

たとえば、ロケットを打ち上げるときの轟音《ごうおん》や、勢いよく噴き出す赤い炎と白い煙、振動で激しくカメラが揺れている様子など、五感に訴えてよりリアルにそのときの状況をありありと思い出すことで、それらに結びついている感情が自然と引き出されます。

「事実」を伝えてから「自分の感想」を言うほうが伝わりやすい

なお、この「事実のあとに感想がくる」という考え方は、誰かに伝える場面でも当てはまります。

人に伝えるときは「結論から話しましょう」と言われたりしますが、ではいきなり自分の感想を言えばいいかというと、そうでもないことも多いからです。特に映画や本の感想は、内容をよく知らない相手にいきなり「感想」だけ言っても伝わりません。

たとえば、

A「すごく迫力があったよ」

B「前澤さんが宇宙に行ったときのドキュメンタリー映画だったんだけど、ロケット打ち上げのシーンが丁寧に描かれていて、すごく迫力があったよ」

どちらのほうが、相手に内容が伝わるでしょうか?

もちろんBですよね。

事実があったうえで、感想を述べるからこそ伝わります。1本線で、客観的な事実や状況と、自分の意見や感想を分けて書くことは、相手へ上手に伝えるための大事なステップでもあります。

それに、いきなり自分の想いを人に伝えるとなると、「相手にどう思われるだろう?」「否定されたら嫌だな」といった気持ちも出てきたりします(相手と意見が合わないと、そのあと、話が止まってしまったり気まずくなったりもするため）。その点、とりあえず「誰が何をした」といった内容から伝えていけば、他人にどう思われるかはあまり気にせず話し始められます。

場合によっては、それだけで「あ、面白そうな映画だね」と相手からコメントが出てきたりして、必ずしも自分の感想を全部言わなくても会話が成り立ったりもします。

相手や状況に応じて、いわゆるネタバレにならないように配慮することも必要ですが、基本的には「事実＋感想」で伝えていくのがおすすめです。

「内側の言葉」を言語化して考えや気持ちをまとめる❸

アイディア出しをする

次に、頭の中になんとなく浮かんでいるアイディアや考えをメモを使って言語化する方法を紹介します。

❶と❷の事例は、左側に書き出していった様々な事実の中から、特に重要な部分にフォーカスし、自分の意見や感情を深掘りして、最終的な結論にまとめるといった、いわば「集約」のプロセスでした。

それに対して、このアイディア出しというのは、最初はぼんやりとしたイメージしかなかったものを、質問によって広げたり深めたりしながらさらにアイディアや言葉を引き出す、「**拡散**」のプロセスといえます。

ここでは、私が本書の企画についてアイディアを出し、最終的に出版企画書やプレゼン大会の原稿にまとめるために書いたメモを例に挙げて、アイディア出しのプロセスについて説明していきたいと思います。

ぼんやりとしたアイディアの輪郭を明らかにする

第1章でもお伝えしましたが、アイディアがうまく言葉にならないのは、何も考えていないわけではなく語彙力が足りないわけでもありません。ただ情報がぼんやりしていて「見える化」されていないのと、ごちゃごちゃしていて「整理ができていない」だけです。

図4－3は、「『元裁判所書記官のメモ術』をテーマに本を書くとしたら、どんな内容が書けるのか」について、アイディアを考えていたときのメモです。

まず左側では、企画の輪郭を明らかにするために、頭の中にある内容を「6W2H」を使って書き出しました。必要に応じて、「それで?」「他には?」の質問で情報をさらに引き出していきました。

なお、ここでは「見える化」することが一番の目的ですので、事実かどうかはあまり厳密に考えすぎず書き出していきましょう。

3種類の質問でアイディアを広げて深掘りする

左側に書き出した内容をもとに、右側ではさらにアイディアを広げたり深めたりしていきます（161ページ図4－4）。

その際に役立つのが、以下の3種類の質問です。

図4-3　頭の中のアイディアを出す①

（左）

2023年8月1日
元裁判所書記官の頭の中を言語化するメモ術
アイディア出し

それで？

Who?
元裁判所書記官
・法廷に入ってメモを取り調書にまとめる
・年間2000件くらいか？
・事務局で研修事務、海外出張事務
企画書、報告書、履歴書、お礼状なども

Whom?
自分の想いを言葉にすることが苦手な人
→特に文章が苦手な人？

When?
Where?
・主に職場でプレゼン原稿、企画書、報告書などを書くとき
・会議で話すときとかも必要？
・日常生活でも必要かも？

他には？

What?
そもそも「想いを言語化」するって何？
・伝え方ではなく「何を伝えるか？」
・「うまい言葉」ではない
・書記官が伝えられるのは「うまい言葉」ではなく「まとめ方」だけ

Why?
裁判所書記官をやっていた人って他にはなかなかいない
メモ術の本は繰り返しベストセラーにもなっている

How?
聞いたことをメモしてまとめる
書記官がやってきたことは基本それだけ
法廷に立ち会う裁判官の考え方
事実を認定→法律にあてはめて判断

（右）

目的：本の企画にまとめる

①引き出す質問：「それで？」「他には？」

これまでにも出てきた通り、さらに情報を引き出すための質問です。

この事例では、「Ｗｈｏ」の部分で、元裁判所書記官は文章を書くこと以外に「言語化」に関して何かできることはないかを考えていったところ、「窓口対応のプロでもある＝他人の想いを言語化して悩みを解消することもできるかもしれない」というアイディアが浮かびました。

②深める質問：「なぜ？」「どうすればよい？」

左側を書き出したときに今ひとつ明確にならなかったことや、どうすればよいかがまだ見えないことについては、これらの質問で深掘りします。

ここでは、「Ｗｈｏｍ」の部分で、読者対象は、特に「文章が苦手な人」ではないかと思って書き出したものの、よくわからなかったので、「なぜ？」で理由を深掘りしていきました。すると、「書記官は文章を書くことがメインの仕事だし、私自身は話すことが苦手なので、話し方について語ることができない」という想いが言語化されました。

図4-4　頭の中のアイディアを出す②

（左）

2023年8月1日
元裁判所書記官の頭の中を言語化するメモ術
アイディア出し

Who?
元裁判所書記官
・法廷に入ってメモを取り調書にまとめる
・年間2000件くらいか?
・事務局で研修事務、海外出張事務
企画書、報告書、履歴書、お礼状なども

Whom?
自分の想いを言葉にすることが苦手な人
→特に文章が苦手な人?

When?
Where?
・主に職場でプレゼン原稿、企画書、報告書
などを書くとき
・会議で話すときとかも必要?
・日常生活でも必要かも?

What?
そもそも「想いを言語化」するって何?
・伝え方ではなく「何を伝えるか?」
・「うまい言葉」ではない
・書記官が伝えられるのは「うまい言葉」
ではなく「まとめ方」だけ

Why?
裁判所書記官をやっていた人って他には
なかなかいない
メモ術の本は繰り返しベストセラーにも
なっている

How?
聞いたことをメモしてまとめる
書記官がやってきたことは基本それだけ
法廷に立ち会う裁判官の考え方
事実を認定→法律にあてはめて判断

（右）

目的：本の企画にまとめる

他には?

窓口対応のプロでもある
他人の悩みを言語化して手続きを案内する仕事もしていた

根拠は?

書記官は書く仕事だから文章では?
話し方については語れない

なぜ?

自分は話すのが苦手だった
でも今はできるようになってきた
メモで言語化できると話せるようにもなる
というのは魅力的かも?

本当に?

家族へのイライラをメモで言語化して悩みを解消する
という使い方もできるかも?

どうすればよい?

反論する
としたら

調書には「想い」って必要ないよね?
まとめるだけでは「想い」は言語化できないのでは?

人って頭の中でも「会話」してる
それをメモしてまとめればいいのでは?

裁判所の話ってあんまり一般的ではない
難しいと思われちゃうのでは?

反論する
としたら

とにかくシンプルで簡単なイメージにする
裁判所がやっていることも意外とシンプル
↓
書記官は縦に線を1本引いてメモを使っていた
↓
メモの真ん中に線を1本引いて事実と判断に分けて書く

また、「Ｗｈｅｎ」「Ｗｈｅｒｅ」の部分で、日常で使えるものにしたいというアイディアが浮かんだものの、具体的なイメージが浮かばなかったので、「どうすればよい？」と考えていきました。すると、「家族へのイライラをメモで言語化して悩みを解消する、といった使い方もできるかもしれない」というアイディアが浮かんできました。

③疑う質問：「本当に？」「根拠は？」「反論するとしたら？」

自分一人でアイディア出しを進めていると、つい自分の思い込みにとらわれ、独りよがりな内容になってしまう危険もあります。そこで、自分以外の人の視点からこれらの質問を投げかけてみましょう。すると、いったん出したアイディアの客観性や説得力が増したり、あるいはまったく別の画期的なアイディアが浮かんできたりすることもあります。

先ほど、「私自身は話すことが苦手なので、話し方について語ることができない」という想いが出てきました。これをまた別の視点から「本当に？」と疑ってみると、「そういえば、今では人前で話す仕事もできるようになっている。話すことが苦手な人でも、メモで想いを言語化できるようになれば話せるようになっていくのかも!」というアイディアが浮かびました。

また、「自分の想いを言語化する」というテーマで考えてきたこと自体について、「反論するとしたら?」と批判的に見てみました。すると、「そもそも書記官が書く調書には書記官自身の『想い』は必要なく、ただ他人が話したことをまとめているだけ。まとめるだけでは言語化はできないのでは?」という疑問が浮かんできました。

それに対して、左側を見返しながら再反論を考えていくと、「でも、人って頭の中でも自分と会話している。その会話を書き取ってまとめること=想いを言語化することにつながるのでは?」と気づきました。

さらに、これまで「裁判」とか「法律」という言葉を聞くだけで難しい仕事だと思われてしまうことがあったという経験から、その視点で「How」の部分について「反論するとしたら?」を考えてみました。

すると、「裁判所がやっていることも意外とシンプルなのにな……」という想いが出てきて、それが「書記官はメモに線を1本引いていた」という経験と結びつきました。そこから、本書の核になる「メモに線を1本引いて事実と判断を分ける」という考え方を言葉にすることができました。

このように、自分で自分に質問することで、アイディアを広げたり深めたりしつつ、だんだん洗練されたものにしていくことができます。

とはいえ、いくら考えても自分一人では気づけないこともあったりしますので、上司や先輩など、他の人にも話したりメモを見てもらったりして、早めにフィードバックをもらうことも一つの手です。

こうして「内側の言葉」からアイディアを書き出していったあとは、コミュニケーションの目的に応じて、「外側の言葉」に変えて相手へ伝えます。

この事例の場合は、提供してもらったテンプレートに当てはめて企画書を作ったり、第3章❸の事例で作った「枠」に当てはめてプレゼン原稿を作ったりしました。

「内側の言葉」を言語化して
考えや気持ちをまとめる❹

日常のイライラ・モヤモヤを解消する

あなたは、日常生活の中で、心に何か引っかかるのだけど、言葉にできないから、対処もうまくできない、なんてことはありませんか？

パートナーや子ども、親や兄弟姉妹に対して、うまく言えないけれどなぜかイライラする、仕事のやりとりでなんとなく何かが引っかかる――。

こんなときも、1本線メモの登場です。日常的に自分がちょっとイライラ・モヤモヤしている問題や悩みに対して、メモで自分の「本当の気持ち」を言語化し、その気持ちを満たすための「次の一歩」を見つけることで、それらの悩みを解消することができます。いわば、言語化による「感情のセルフケア」ができるのです。

私がこのことに気づいたのは、裁判所書記官をやっていた頃の窓口対応の経験からです。

裁判所の窓口には、日々、争いごとを抱えて怒りや不安などでいっぱいになった人たちが相談にきます。「貸したお金を返してもらえない」「親の相続で兄弟ともめている」「交通事故に遭ったのに保険会社がちゃんと対応してくれない」などなど……。怒鳴りながら乗り込んでくる人、泣きながら悩みを打ち明ける人もしばしばいます。

そんなとき、書記官はメモを取りながら相手の話を聞いて、その人の客観的な状況や想いを「見える化」します。そして、今のその人に合った「次の一歩」を提案します。

「その金額でしたら『少額訴訟』という手続きもありますよ」「手続きが複雑になりそうなので、一度弁護士さんに相談されたほうがよいかもしれません」といった具合に。

すると、はじめは感情的になっていた人も少しずつ落ち着きを取り戻し、最後には「ありがとう」と言って、前向きに次の行動をとれるようになります。根本原因である争いごとは、何も解決されていないにもかかわらずです。

つまり、**悩みの根本原因そのものを解決しなくても、「自分がどんな状況に置かれていて」「それをどうしたらよいか」が言語化されれば、イライラ・モヤモヤは収まっていく**ものなのです。

「子どもの朝の支度が遅くてイライラ……」を解消する

ここでは、「子どもの朝の支度が遅いことへのイライラをなんとかしたい」という悩みを解消した例を挙げて、言語化による感情ケアのプロセスをご紹介します。

私は、一時期、朝思うように動いてくれない小学生の子どもたちにイライラしてばかりで、やっとの思いで送り出しては、どっと疲れる毎日を過ごしていました。とにかく今すぐできる現実的な解決策を探したいと思い、メモに状況を書き出してみました。

書き方はこれまでと同じで、「6W2H」のうち必要な質問をしながら、左側に客観的な状況を書いていきます。右側には、それぞれの状況に対して感じたことや考えたことを書いていきます。

メモを書く前は、自分が何にイライラしているのかよくわかっておらず、ただ漠然と子どもに対してイライラしているだけでした。

おそらく子どもにとっても、なぜお母さんが怒っているのか理解できず、なんとなくお母さんの表情が怖い、言葉がきついと感じて、余計に甘えたり泣いたりする悪循環に陥っていた気がします。

メモを書いてみることで、自分が置かれている具体的な状況とそれに対する自分の気持ちが「見える化」されました。

そこでさらに、「一番のイライラポイントはどこにあるんだろう？」と考えながら、メモ全体を客観的に見直してみます（図4－5）。すると、自分が何にイライラし、逆に何にイライラしていないのかといった「本当の気持ち」が見えてきます。

「本当の気持ち」がなかなか見えてこない場合は、次の3つの質問で引き出しましょう。

・「どのくらい？（How）」

↓どのくらいイライラしている？　どのくらいの頻度でイライラする？

いつもそう？

・「なぜ？（Why）」

↓なぜイライラするの？　なぜそこでイライラが増すの？

・「何？（What）」

図4-5　子育てのイライラを改善する①

（左）

2024年1月12日
朝、子どもの支度が遅いイライラを
何とかしたい

7:00
起こしてもなかなか起きてこない
目覚まし
2、3回目起こしてやっと起きる

7:10
ごはんを出してもなかなか食べない
本を読んだり、ぼーっとしたり、
おしゃべりしたり

7:40 家を出る10分前
バタバタと着替え、歯みがき

※時々、このタイミングで「集金あった」とか
「なわとびどこ?」とか言ってくる

玄関まで来てからも時間がかかる
髪型気にしすぎ
帽子を探すことが多い
ここでトイレに行くことも多い

（右）

目的：イライラの原因をつきとめて
すぐできる対処法を考える

どのくらい？（How）

1回で起きてよ～
うんざり

日によってはすんなり起きることもあるし、そんな
にイライラしていないかも

私も身支度したい
集中して食べて着替えてよ～

起きられないのは体質もあるし
私も朝あまり食べられないし

なぜ？（Why）

このあたりからイライラが募ってくる
ただでさえ時間ないのに、遅刻しちゃう！

何？（What）

こういうこと言われるとキレる！

あー、また今日もギリギリ
登校班の子たちを待たせちゃうよ～

※ここが一番のイライラポイント
他人に迷惑かけたくなかったのかも！

↓一番のイライラポイントは何？

この例の場合は、まず「朝、起こしてもなかなか起きてこない」という事実に対して、「うんざりする」という気持ちはあるものの、「日によってはすんなり起きる日もあるし、そこまでイライラしているわけではないかも」と気づきました。

それに、冷静に考えると「朝なかなか起きられない、ごはんがあまり食べられないというのは体質のせいかもしれない。自分だって朝起きるのが苦手だし。起きてすぐ食べられないこともあるし」と思いました。

一方で、家を出る10分前くらいに急にイライラが募ってきます。時間がなくなってくるとどんどんイライラが増していき、特にこの時点で「集金お願い！」とか「体育でなわとび使うんだけど、どこ？」とか言われると、怒りが爆発します。

「それはなぜだろう？」と理由をつき詰めていったところ、どうやら「時間に遅れ、登校班の子たちを待たせて迷惑をかけてしまうこと」が、一番のイライラポイントであることに気づきました。

そういえば、仕事をしているときも、時間を守らない人にはすごくイライラします。もしかしたら、「子どもが遅刻する人だと思われて嫌われたらかわいそう」「時間を守らずに信頼を失うような人になってほしくない」という想いがあったのかもしれません。

要は、子どもへの愛情と責任感ゆえのイライラだったわけです。

イライラのポイントがわかれば「次の一歩」もおのずと見えてくる

このように、一つひとつ自分の気持ちを丁寧に見ていくうちに、自分の一番のイライラポイントとそこに隠れていた「本当の気持ち」が明らかになりました。

あとは、その気持ちを満たすためにできる具体的な解決策を書き出します。その際には、次のようなポイントを意識するとよいです。

- **自分でコントロールできることか？**
- **今すぐできることか？**

・スモールステップに分解できるか？

このような視点から、「次の一歩」として以下の3つの解決策を挙げてみました。大事そうな順、またはすぐにできそうな順に優先順位をつけていきました。

①全体的に今より10分早く行動してみよう。
②持ち物は前日に準備することを徹底しよう。
③寝る時間を少しずつ早めて、22時までには寝るようにしよう。

こうして自分の「本当の気持ち」に気づけたことで、子どもたちに対する私の態度や言葉がけが変わっていきました。

「あなたの『眠い』とか『今は食べたくない』という気持ちを否定しているわけじゃないんだよ。お母さんも子どもの頃そうだったし」

「お母さんはね、登校班の待ち合わせ時間に遅れて、みんなを待たせちゃうことが一番嫌なんだよね。あなたが『いつも遅れてくる人』だと思われて、嫌われてしまわないかが心配なの」

図4-6 子育てのイライラを改善する②

（左）

2024年1月12日
朝、子どもの支度が遅いイライラを
何とかしたい

7:00
起こしてもなかなか起きてこない
目覚まし
2、3回目起こしてやっと起きる

7:10
ごはんを出してもなかなか食べない
本を読んだり、ぼーっとしたり、
おしゃべりしたり

7:40 家を出る10分前
バタバタと着替え、歯みがき

※時々、このタイミングで「集金あった」とか
「なわとびどこ?」とか言ってくる

玄関まで来てからも時間がかかる
髪型気にしすぎ
帽子を探すことが多い
ここでトイレに行くことも多い

（右）

目的：イライラの原因をつきとめて
すぐできる対処法を考える

③そもそも寝る時間を早めよう。
22:00までには寝る

1回で起きてよ～
うんざり

日によってはすんなり起きることもあるし、そんなにイライラしていないかも

私も身支度したい
集中して食べて着替えてよ～

起きられないのは体質もあるし
私も朝あまり食べられないし

このあたりからイライラが募ってくる
ただでさえ時間ないのに、遅刻しちゃう!

こういうこと言われるとキレる!
②朝はムリ! 前日に準備する
※ここが一番のイライラポイント
他人に迷惑かけたくなかったのかも!
あー、また今日もギリギリ
登校班の子たちを待たせちゃうよ～

①全体的に今より10分早く行動しよう
着替えは7:30

といった感じで説明し、さらに、「着替えを始める時間を少し早めて7時30分にしようと思うんだけど、慣れるまでお母さんもお手伝いするから、どうかな？」と提案しました。そのうち、「7時30分だよ」と時間を教えるだけで、子どもが着替えを始めるようになったのです。

もちろん、うまくいく日ばかりではありませんが、自分が何にイライラしているのかよくわからず、どうしたらいいかもわからなかった日々に比べたら、だいぶ心穏やかに子どもを送り出すことができるようになりました。

ちょっとしたモヤモヤこそメモに書き出してみよう

言語化による「感情のセルフケア」のプロセスを一緒に見てきましたが、いかがでしょうか。「こんなちょっとしたことでもメモに書けばいいんだ」「これなら簡単にできそう」と思っていただけたのではないかと思います。

私自身が、「子どもへの愛情と責任感からイライラしていた」ということに気づけたように、自分では大したことのない、ちょっとした日常のイライラ・モヤモヤだと思っていたことも、ただぼんやりとして見えていなかっただけで、実はとても大事な「本当の気持ち」が隠れていることもあったりします。

そんな自分自身の感情を丁寧に見ていくこと自体が、自分を大切にして癒すことにつながります。また、自分の手でメモを書き、情報を整理して、解決策を導き出すことができる、この「自分でコントロールできている」という感覚が、「どうにかできるかも」という希望になり、悩みやストレスを解消することにもつながっていきます。

そして、解決策が導き出せれば、あとはそれを行動に移すだけです。そういう意味では、このプロセスは、言語化による「感情のセルフケア」であると同時に、「行動のセルフマネジメント」でもあるといえます。

ここで挙げたような家族との関係だけでなく、職場の上司や同僚、友人などへのちょっとしたイライラ・モヤモヤを解消したいという場合にも有効です。ぜひ活用して、身近な人間関係をよりよくしていただければと思います。

「内側の言葉」を言語化して
考えや気持ちをまとめる❺
行動のセルフマネジメントをする

現状や課題を把握し、解決策を考える
「行動記録メモ」

❹の事例では、日常生活の中で漠然と感じていたイライラ・モヤモヤを言語化によって解消するプロセスについてご紹介しました。

これと同じような感覚で、仕事においても、たとえば「つい残業が多くなってしまっているな……」「なんとなく時間がうまく使えていない気がするな……」と、具体的な問題点や課題がわからないけれど、なんとなくうまくいっていない、ということがあると思います。

具体的な問題や課題がある程度明確になっていれば、その課題にフォーカスする形で状況を書き出し、解決策を導き出すことができます。ですが、そもそも何が問題なのかが自分でも言語化できないと、何にフォーカスしたらよいかもわかりませんよね。

そんなときも、「1本線メモ」の出番です。自分が日頃当たり前のようにやっていることでも、改めてメモに書いて「見える化」してみると、意外と自分では見えていなかった課題や解決策が見つかったりします。

「行動記録メモ」で残業を減らす

最高裁に勤めていた頃、私は残業が多いのが大きな悩みでした。自分なりに段取りをつけて全力で仕事をしているつもりなのに、なぜかあっという間に終業時間がきて、どうしても残業になってしまう。でも、具体的に何が問題なのかがよくわからない。

そこで、「残業を減らすにはどうしたらいい？」を考えるための「行動記録メモ」を作ってみました（179ページ図4－7）。

まず左側に、毎日の自分の行動を時刻とともに書き出してみます。

少しメモから目を離して左側全体を眺めながら、自分がストレスに感じていること、モヤモヤや疑問に感じていることを右側に書いていきます。

日頃、当たり前のようにやっていることについては、感覚が鈍ってしまい、自分の気持ちや考えがなかなか出てこない場合もあると思います。その場合は、❹の事例と同じように、次の3つの質問で引き出しましょう。

・「どのくらい？（How）」
↓どのくらいイライラしている？　どのくらいの頻度でイライラする？
・「なぜ？（Why）」
↓なぜイライラするの？　なぜそこでイライラが増すの？
・「何？（What）」
↓一番のイライラポイントは何？

改めて書き出してみると、「これは全員でやる必要があるのかな？」と思う作業や、「専門知識がある人にやってもらったほうがいいのでは？」と思う仕事もあることがわかります。なんとなく「みんなが残っているから……」と残業していることもあるかも、といった気づきも得られました。

このように、何気なく繰り返している行動をメモに書き出すだけでも、具体的な問題点が見つかります。また、それが自分の行動を変えるだけで解決できるのか、上司や他部署に相談する必要があるのかといったことが明確になって、「次の一歩」もおのずと見えてきます。

図4-7　残業を減らすにはどうしたらいい？

（左）	（右）
2012年7月19日 残業を減らすにはどうしたらいい？	目的：具体的な問題点と解決策を見つける
5：45起床（身じたく、朝食） 7：00移動（京急→山手→有楽町）	（ストレス） 電車で座るために、少し早めに家を出る 山手線激混み。朝からグッタリ
9：00 出勤 ・メールチェック ・急ぎの仕事から対応（出張関係）	メールの量なんとかならないかな……
10：30 隣の係の設営手伝い ～11：15 ・統計関係の資料チェック	← これ、聞いてないよ 全員で行く必要あるかな？（モヤモヤ） Kさん行かないみたいだけどよいのかな
12：15 昼休み	← 実際は、12：40くらいに食べ終わって仕事始めているよね……
13：00 決裁関係、書類のダブルチェック 13：40 出張関係の書類作成 司法制度について調査 15：00 司法統計についての会議 課長補佐 佐野（統計担当）	（モヤモヤ） ← データベースの構築とか 専門知識がある人がやったほうがいいのでは？
17：00 フランス大使館の書記官からTELあり 折り返す 資料作成→メール送信	この時間にオーダーが来たらもう残業決定じゃん でも時差があるから仕方ないか
18：30 調査の続き 20：00 退勤 品川で夕食 22：00 帰宅（テレビ見る、おふろなど） 23：30 就寝	残業2.5時間、 なんでみんな帰らないんだろう？ 明日に影響するから、帰ろう 家族とまともに話す時間がないのが悲しい

解決策がなかなか見えない場合は、❶の事例のように、課題をさらに深掘りし、解決策を探してみましょう。

ちなみに、この事例では、いくつか見えてきた課題の中でも、片道2時間近くかかっている通勤が一番の精神的負担になっていることに気づきました。そこで、家族といろいろ話し合った結果、もう少し職場に近い場所へ引っ越すことにしました。通勤のストレスが軽くなり、より前向きに仕事に取り組めるようになったことで、他の係の仕事を快く手伝えるようになり、周りの人に遠慮しすぎず自分の決めた時間に帰れるようにもなりました。

自分の内側の言葉から アイディアを引き出す 3つのコツ

ここまで、いくつかの事例を挙げて、自分の頭の中にある「内側の言葉」を言語化し、考えや気持ちをまとめるプロセスについてお伝えしてきました。説明の都合上、あたかもすぐに最適な解決策や画期的なアイディアが出てきたかのように見える部分もあったかもしれません。でも実際の場面では、思うように言葉が出てこないこともしばしばあります。

そんなときは、以下のようなことを意識して、ぜひあきらめずに自分の「内側の言葉」に耳を澄まし、言葉をキャッチして、ブラッシュアップしていただきたいと思います。

行き詰まったら勇気を出して「いったん休憩」しよう

いくら「質問」が言葉を引き出すとはいえ、問いかけても問いかけても、自分の考えや気持ちが全然見えてこないということも、もちろんあります。そんなときは、うんうん唸って考え続けるより、いったん忘れてしまうことも一つの手です。アイディアは一晩寝かせたほうが案外よいものになったり、3日後、1週間後くらいに、それまで点と点だったものが突然つながって完成したりすることもあります。

私も、何か課題を出されたとき、すぐにアイディアが出てこなくて、「ヤバい、どうしよう……」「なんにも出てこない……」と焦ってしまうことがよくあります。

それでも、その課題があることをなんとなく頭に置きつつ、1日2日と過ごしているうちに、「そういえば、あのアイディアはよいかも」「あれも使えそうだな」と、徐々に情報が集まり、3日目くらいになるとまとまってくる、というパターンも多いです。

よく、散歩や運動をすると気持ちもリフレッシュするし、脳が活性化してアイディアが浮かびやすくなるといわれますよね。

外に出られないときには、ふとんに寝っ転がって5～10分くらいぼーっとしたり、15～20分くらい仮眠を取ったりすると、また気持ちを新たに考えられるようになります。あるいは、一晩寝ると、朝起きた瞬間にひらめくこともあったりします。

脳のデフォルトモード・ネットワークといって、ぼーっとしているときほど、情報が整理されてひらめきが起こりやすくなることも明らかにされています。

あまり焦らず、場合によっては時間をかけてみることも有効です。

行き詰まったときは、あえて一度忘れる、休憩するのも一つの工夫です。

思い浮かんだ言葉は30秒以内にメモする

アイディアが浮かんできたときはできるだけすぐに、それこそ30秒以内にメモするくらいの勢いも大切です。

何か考えごとをしている途中でスマホの音が鳴ると、つい気になってスマホをいじってしまう、なんてことはありませんか。机の上にスマホが置いてあるだけで集中力が低下してしまうという研究結果があるのも、有名な話ですよね。私たちは、身の回りに情報があふれているうえに、基本的に気が散りやすい環境で日々生活しています。

職場や家庭でも、誰かに呼びかけられるたびに思考は中断されます。「あれ？　さっき何を考えていたんだっけ？」「せっかくのアイディア忘れちゃった〜！」みたいなこともしょっちゅうあります。

樺沢紫苑さんの『アウトプット大全』（サンクチュアリ出版刊）によると、人間の脳は、何か気づいたり思いついたりしても、放っておくと30秒から1分くらいで忘れてしまうそうです。せっかく浮かんだアイディアを逃さないためにも、とにかく思い浮かんだらすぐにメモすることが大事です。

そのためにも、常に手の届くところに紙とペンを用意しておくのがおすすめです。私は、考えごとをすることが多い仕事部屋、リビング、キッチンには、紙とペンを置くようにしています。お風呂に入っているときにアイディアが浮かぶことも多いので、防水のメモと鉛筆をお風呂場に置いておくこともありました。

紙とペンがないときは、もちろんスマホのアプリにメモしてもいいですが、うっかり通知や流れてくる情報に気を取られないようご注意ください。

いったん別の視点で見直す

ある程度アイディアや考えを書いたあと、それらをもっと深掘りしたい、もう少しブラッシュアップしたいと思うものの、なかなかよい言葉が出てこないこともあると思います。

また、すらすらメモは書けていても、実は自分の考えに固執してしまっていたり、思い込みによって独りよがりな内容になってしまっている、ということも考えられます。

そんなときは、いったん別の視点からメモを見直してみましょう。

先ほどの❸の事例では、自分以外の人の視点から、「本当に?」「根拠は?」「反論するとしたら?」といった「疑う質問」を投げかけてみることで、出てきたアイディアの客観性や説得力が増したり、あるいはまったく別の画期的なアイディアが浮かんできたりすることもあるとお伝えしました。

たとえば、自分は裁判所に勤めていたので当たり前だと思っていたことも、裁判所が身近でない人の視点から見ると難しく感じられてしまう。そのギャップを埋めるにはどうしたらよいかを考えることで、「1本線メモ」のアイディアが出てきました。

❹の事例でも、親の視点からは「1回起こしたらすぐ起きてほしい」「朝ごはんはバランスよく食べてほしい」と思っていたことも、子どもの視点に

立ってみることで、「起きられないのは体質の問題もあるかもしれない」「私も朝ごはんを食べられないことはある」ということに気づくことができました。

このように、

- **話の聞き手、文章の読み手の視点から見ると？**
- **上司や先輩の視点から見ると？**
- **お客様や取引先の視点から見ると？**
- **パートナーや子どもの視点から見ると？**
- **日本以外の国から、あるいは地球規模で見ると？**

といった具合に、別の視点から見てみることで、それまでは考えてもみなかったアイディアや意外な言葉が引き出されることが多いです。

また、いったん別の視点から見て気づいたことを、さらに自分の視点から再検討してみることで、客観性と説得力を兼ね備えたアイディアへとブラッシュアップさせることができます。

第 5 章

伝わる言葉にする技術

Tips01

「言語化」できたら終わり……ではないですよね？

第1章で、「コミュニケーション」においては「何を伝えるか」が大事だと書きました。その「何を」を自分の中から探してくるのが「言語化」のプロセスです。

でも、自分の中で「これこそ自分の伝えたいことだ！」と思っていても、必ずしも相手はそうは思わないかもしれません。

たとえば、上司に打ち合わせの報告を求められたとき、

「先日のゴルフコンペのことを話したら、相手と盛り上がっちゃって……」

と伝えても、もしかしたら上司は、

「それよりも、どんな契約が進みそうなのかだけ教えてほしいんだけど」

と思っているかもしれません。

また、知人の文芸作品を読んで感動したこの想いを伝えよう！と考えて、

「この作品は、小説版のル・コルビュジエだ！」

と言っても、相手に伝わらない確率のほうが高そうです。

第1章でお伝えした「そもそも『言語化』って何？」というところに戻る

と、「言語化」とは「コミュニケーションのための素材を集めて整理すること」でしたね。

実際のコミュニケーションの場では、目的や相手に応じて、情報を集めて整理し、どうしたら伝わるかを考えて、「伝わる形」にして届ける必要があります。

この章では、そんな言語化した想いを「伝わる言葉」へまとめるコツについてお話ししていきたいと思います。

Tips02

3つの質問で常に「相手目線」を意識しよう

では、「伝わる言葉」にするときに必要なことは何でしょうか？

いろいろありますが、私が一番大事だと思うのは、**「相手目線」**に立つということです。

あるとき、学生時代の知り合いが、私の英語講座の説明を聞きたいと連絡をくれたことがありました。その説明会の席で、私はつい嬉しくなって、裁判所を辞めて起業して、こんな苦労があって、でもそれを乗り越えて……と自分の経験ばかりを話してしまいました。話としてはすごく盛り上がったのですが、結局、講座の説明はほとんどせずに終わってしまい、あとから相手に「講座の資料を送ってもらえませんか？」と言われて、すごく反省したのを覚えています。

これでは、自分目線での「相手に自分のことを知ってもらって仲良くなりたい」という目的は果たせても、「講座の説明を聞いて受講を検討する」という相手にとって一番重要だった目的は果たせませんよね。

このように、他人とのコミュニケーションにおいては、「相手目線」に立って達成したい一番の目的を明確にしたうえで、伝える形や言葉を考えることが必要です。

そのためのヒントとして、次の「3つの質問」を意識しています。

・伝える目的は何か？
・伝える相手は誰か？
・相手にどんな反応をしてもらいたいか？（ゴールのイメージ）

自分のことを振り返ってみると、職場にいたときはもちろん、特に独立して事業を始めてからは、自分の考えを形にして、発信して、それを「相手に受け取ってもらうこと」こそがすべてであると、実感せざるを得ません。「相手目線」が足りなかったばかりに、せっかく書いた文章を読んでもらえない、行動してもらえない、売上につながらない……と、苦労した時期も長かったです。

だからこそ、これからお話ししていく「相手目線」に立った「伝わる形」「伝わる言葉」「伝わるマインド」をぜひ意識していただき、仕事や日常生活のコミュニケーションに活かしていただきたいと思います。

言葉はシンプルでいい

何かを効果的に伝えようと思うと、つい凝った表現や、自分のオリジナルの言葉を使わなくてはと考えがちになります。

でも、小説家やアーティストのような仕事なら別ですが、多くの仕事においては、むしろシンプルな言葉や表現のほうが好まれるのではないでしょうか。

私は常々、言葉というのは「料理」みたいなものだなと感じます。

たとえば、毎日の食事では、シェフのオリジナル料理のような、もの珍しくて作るのも大変な料理よりも、肉じゃがやカレーなど、手軽でみんなに好まれるおふくろの味のほうがよかったりしますよね。

日々の仕事や生活の中で求められる言葉も、小説のように斬新なセリフやあっと驚く展開よりも、できるだけシンプルな言葉で、お決まりのパターンに沿って表現するほうが伝わりやすいものです。

なので、企画書やプレゼン資料など仕事上の文章を書く場合も、まったくのゼロからオリジナルの流れや言葉を生み出す必要はありません。

上司や先輩が過去に作ってきた資料を参考にしたり、書式や事例集などをもとにして、ある程度決まったレシピ通りに作ったほうが、結局は伝わりやすい文章になるものです。

私が勤めていた裁判所というのは特に、広く国民みんなが利用するサービスですし、公平さが求められる仕事なので、書式や事例集通りに文章を書くことが重視されていました。また、ビジネスにおいては、お客様との信頼関係を築くために、人間心理に基づいた決まった流れや型に沿って伝えることが大事だといわれています。自分でゼロから考えるより、そうしたテンプレートを使ったほうが、速くて効果もあることでしょう。

このように、定番レシピのようなものを意識したうえで、そこに自分のアイディアを当てはめていくというのが、伝え方の基本的な考え方になります。

そして、料理を作るときには必ず、食べる相手のことを考えて、相手が食べやすい、好みに合った料理を作ろうと思いますよね。その感覚が、「相手目線」に立って伝えるという感覚に近いのではないかと思います。

では、具体的にどのように伝わる言葉にしていくかというと、これまで書いてきたメモを使えば簡単です。

第3章で説明した通り、優秀作品や上司・先輩の資料などの構成をもとに、「枠」を作り、あとは枠を埋めるだけです。これだけで、企画書、報告書、プレゼン資料、スピーチ原稿など、基本的な文章のたたき台はすぐにできあがります。

ここではもっと簡単で、幅広く活用できる「伝わる形」の基本形を説明します。

私がよく使う基本形は、

- **「ハンバーガーを作る」**
- **「左右ジグザグに伝える」**

の2つです。

Tips03

「伝わる形」の基本形❶

「ハンバーガーを作る」

1つ目の「ハンバーガーを作る」というのは、いわゆる「**PREP（プレップ）法**」といわれる伝え方です。「Point（結論）→Reason（理由・根拠）→Example（事例・具体例）→Point（結論）」で構成します。最初と最後に結論を置くことで、相手に伝えたいことを印象づけることができるといわれています。

パンとパンで具材をはさむようなイメージで、「結論」と「結論」の間に「理由」や「事例」をはさみます。「ハンバーガー（またはサンドイッチ）を作るんだよ」と伝えると、小学生の子どもたちでも上手に発表できるようになります。

この「P（結論）→R（理由・根拠）→E（事例・具体例）→P（結論）」の流れを作るときに、私が意識しているのは次のような点です。

- **「一番伝えたいこと」（結論）を書く**
- **「なるほど！」と思える理由を書く**
- **「へぇ〜！」と思える根拠を書く**
- **「あるある！」と思える実例を書く**

・もう一度「一番伝えたいこと」（結論）を書く

メモに書き出した情報の中から、まずは結論＝「自分が一番伝えたいこと」を述べます。これも、先ほどの「3つの質問」を意識しながら、伝える相手は誰で、どんな反応をしてもらいたいかというゴールのイメージを持ちながら言葉を選びます。

そして、相手が「なるほど！」「へぇ～！」と言ってくれそうな理由や根拠（データや文献など）、「あるある！」と思えるような具体例をピックアップします。最後は、また結論で締めれば完成です。

こんな風に、相手の反応をイメージしながら言葉を選ぶことで、相手目線に立ったより伝わりやすい内容になっていきます。

「基本形❶：ハンバーガーを作る」を使った提案メールの例

さて、それでは実際に「基本形①」の「ハンバーガーを作る」を使った例をご紹介しましょう。

図5-1　**PREP法**

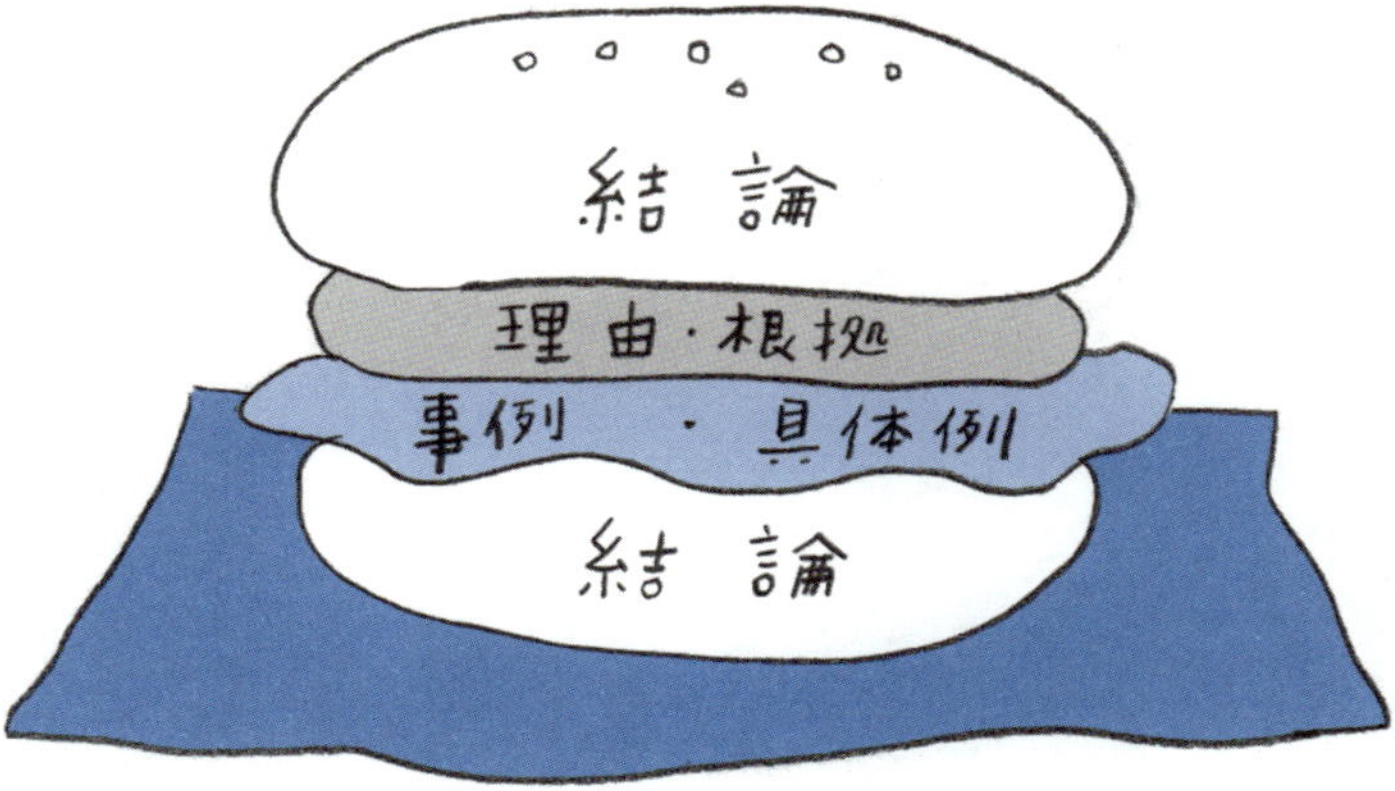

「結論」と「結論」で「理由・根拠」と「事例・具体例」をはさむ

「基本形①」が適しているのは、何か提案をするためのメールや企画書、報告書、プレゼン資料などです。

ここでは、一度、イベントを開催させてもらった相手に、自社のサービスを導入してもらうためのメモとメールの例を紹介します。

まずメモの左側に、日付とテーマを書きます（図5－2）。その下に伝える相手（この場合はメールの送り先）を書き、後日回答などを書けるようにスペースを空けておきます。右側の一番上には、先ほどの「3つの質問」を意識しながら、目的を書きます。

・伝える目的は何か？

↓イベント協力へのお礼と自社の英語メソッド導入についての提案

・伝える相手は誰か？

↓放課後クラブの代表者

・相手にどんな反応をしてもらいたい？

↓夏休み教室など、何らかの形でクラブの活動に取り入れていただく

また、その下に「基本形①：ハンバーガーを作る」の流れを意識しながら、伝えたい内容を書き出していきます。

図5-2　**提案メールを作成する**

（左）

2022年5月11日
放課後クラブへの提案　メール案

代表 山田様
TEL:000-000-0000

（回答など）

（右）

目的
放課後クラブの山田様に
イベントのお礼をしつつ、
英語メソッドを取り入れていただく
方法について相談する

P

伝えたいこと
・イベントのお礼
・夏休み教室の提案

R

背景・理由
・学校の授業時間だけでは英語の習得には不十分
家庭での取り組みは重要
・両親ともに働いている家庭では英語の取り組みは難しいことが多い

R

根拠・実績
・会員さんにも学校の先生や学童の先生がいる
・先生の苦手意識、多忙、子どもたちを十分伸ばしてあげられない葛藤
・別の学童クラブで取り入れた実績もあり
↓ ぜひお役に立ちたい!!!

E

企画内容
まずは夏休み中の短期教室はどうか?
・フォニックスの前にやるべき音遊び
・カタカナ英語脱却のためのエクササイズ
・支援が必要なお子さんへの指導方法
など

P

日程　打ち合わせの候補日
5/16、17、18 AM
5/20、23、25 AM

・「一番伝えたいこと」を書く

↓イベントのお礼と夏休み教室の提案

・「なるほど！」と思える理由を書く

↓学校の英語教育の現状と放課後クラブに取り入れる理由

・「へぇ～！」と思える根拠を書く

↓実際に学校の先生から聞いた話、別の学童クラブで取り入れた実績

・「あるある！」と思える実例を書く

↓実際にイベントやレッスン、小学校での出前授業を行なって効果が上がっている内容

・もう一度「一番伝えたいこと」を書く

↓夏休みの短期教室の導入について相談させてほしい

あとは、図5－3のように、メモに書いた内容を上から順に文書の形にまとめていくだけです。説明の都合上、実際のメールより少し内容を簡略化していますが、メモから伝わる文章へまとめる流れを参考にしていただければと思います。

図5-3　メール案

件名：御礼と夏休み教室のご提案について

放課後クラブ代表　山田一郎 様
こんにちは。
英語発音指導士の佐野雅代と申します。

先日のイベントの際は、多大なご協力をいただきありがとうございました。本日は、夏休み教室のご提案をいたしたくメールさせていただきました。 —— P

小学校で英語が正式な教科となりましたが、学校の授業時間だけでは英語の習得には不十分であり、家庭での取り組みが重要になっています。ですが、特にご両親ともに仕事をされているご家庭では、英語の取り組みをすることがなかなか難しいようです。
実際に学校の先生方や働くお母様方からは、多忙で、自身の英語への苦手意識もある中で、子どもの英語力を十分に伸ばせていないという葛藤があると伺っています。そんなお悩みに応える形で、以前ある学童クラブで夏休み教室を実施したところ、大変喜んでいただけました。 —— R

添付の資料の通り、フォニックスの前にやるべき取り組みや、支援が必要なお子さんへのアプローチ方法など、実際に小学生向けのレッスンで効果が上がっている内容になります。 —— E

まずは、夏休みの短期教室の形で取り入れていただければと思っておりますが、一度お打ち合わせの機会をいただくことは可能でしょうか。 —— P

ぜひご検討いただけますと幸いです。

Tips04

「伝わる形」の基本形❷
「左右ジグザグに伝える」

もう一つ使える基本形としては、これまでの事例でも何度か紹介した「左右ジグザグに伝える」というのもあります。たとえば、スピーチの原稿、調べたことをまとめるレポート、SNSやブログの記事などは、事実の羅列だけでは面白みに欠けるし、意見や感想だけではまとまりや説得力に欠けます。その両方をバランスよく伝えられるのが、この形です。

メモの内容を「左↓右」「左↓右」……の順でジグザグに伝えていくと、客観的な事実をしっかり伝えて説得力を出したうえで、あなたらしさも出る、印象的な伝え方になっていきます。

時折、自分の意見だけ（メモの右側だけ）を話す人もいますが、相手から見て「なぜ、その話が出てきたのか」がわからないこともあります。伝え方がうまい人は、たいてい、左↓右、左↓右とジグザグに話しているはずです。

「基本形❷：左右ジグザグに伝える」を使った報告の例

「左右ジグザグに伝える」パターンはいろいろありますが、ここではトラブルの報告をする例をご紹介します。

広告の運用を依頼したA社の担当者が急な病気で休んだため、想定したタイミングで広告が出せなくなってしまいました。

「どうしよう、プロモーションの予定が狂ってしまう……」「急な病気なら仕方がないか……」「でも、なんでもっと早く知らせてくれなかったの？」など、思い通りに仕事が進められなかったことで、様々な感情が湧いてきます。でも、上司は状況報告とその改善策を求めているはずです。

メモの左側は、客観的に事実を挙げながら、6W2Hで書き出していくのが早いですが、今回は、これまでの経緯に問題がありそうなので、主に担当者とのやりとりを時系列で書き出していきました。

その後、右側に自分が考えたことや感じたことを書いていきます。この場合は、①当時の自分の認識を書き出したうえで、②何が一番の問題点だったのか、③今後の対応策などを考えて、書き出していきました。

①については、「広告素材を送ったら、いつものように当然準備を進めてくれていると思っていた」「3月10日の質問で『まだ作業をしていないのかもしれない？』と違和感を感じたが、こちらも明確には確認しなかった」など、状況を俯瞰して書いていきました。

なお、トラブルなどの原因分析は、あまり嬉しくない事態ですので、嫌な感情が出てくるかもしれません。でもメモを書くときは、その感情を否定したり蓋をしたりする必要はありません。「なんで誰も言ってくれなかったの?」「一体どうなっているの?」など、思ったことを右側に書いてみましょう。必要がなければ、それは伝えなければいいだけです。

いったん自分の感情を受けとめたらそこで終わりにせず、「自分にも落ち度はなかったか?」「今後はどうすればいいか?」といった対応策も考えていきます。

こうしてまとめていくと、

・相手側にフォロー体制ができていなかった

・こちらも違和感を感じたときに相手に確認しなかった

といった問題点が見えてきました。そして、

・当面の対策としては、3月末までに広告を出せるよう先方に調整してもらうこと

・今後の改善点としては、やりとりの中で何か違和感を感じたら、自分から早めに確認すること

図5-4　**報告すべきことを言語化する**

（左）

2023年3月19日
A社に依頼した広告が予定通り打てなかった件

2月21日　A社とミーティング（Bさん、Cさん、Dさん、Eさん、Fさん、Gさん）
・2月中に素材をまとめて渡す
・3月20日から広告を回す

2月28日　広告素材一式を送付
・Bさん確認
3月10日　グループチャットで質問
・Bさんから伝えたはずのアカウント情報について質問される

3月18日　突然、スケジュール通りの広告掲載が難しいとの連絡

3月19日　Cさんより事情説明
・Bさんが2月のミーティング後、体調を崩し、時間が作れなかった。3月頭に手術もあった
・再度ミーティングをしたいとのこと

（右）

目的：原因と対応策を考える

直接の理由：先方の担当者の入院
それはまあ仕方ないか……
なんで誰も言ってくれなかったの？

これ以降広告の準備を進めてくれていると思っていた

あれ？　まだ作業していないのかな？

★こちらも明確には確認しなかった

グループチャットには6人もスタッフが入っているのに、誰からも連絡・フォローがなかった。どうなってるの？　6人も参加していたから誰かやってくれていると思っていた

※3月末までに広告を出せるよう調整してもらう!!
※今後は、違和感を感じたら早めに確認しよう

という対応策を言葉にすることができました。

これをもとに、上司へ報告します。

ミスやトラブルの報告で求められるのは、多くの場合、左側に書いた状況説明と、右側に書いた、考えられる原因や対応策についての意見です。

たとえば、次のように報告するとよいでしょう。

「3月20日配信予定でA社に依頼していた広告が、予定通りに打てませんでした。

直接の理由は、先方の担当者が入院したからです。

ですが、トラブルになった原因としては、配信の2日前までA社のスタッフ6名の誰からも連絡やフォローがなかったこと。また、こちらも進捗について明確に確認しなかったことが挙げられます。

そこで、まずはA社と再度ミーティングをして、3月末までに広告を出せるよう調整してもらうつもりです。

次回以降は、フォロー体制について最初に確認し、こちらも進捗をこまめに確認するようにして、予定通りに広告が打てるよう改善したいと思います」

このように、「左→右」「左→右」……と順に伝えていくと、事実とそれに対する自分の認識や意見が客観的に伝わりやすくなります。

なお、場合によっては、自分の意見は必要なく、現状報告だけが求められることもあると思いますので、その場合は左側だけを伝えれば事足ります。

「伝わる形」の番外編：とりあえず「AIに聞いてみる」

伝える目的に合った「枠」もある、伝えたい内容も決まっている、それでもいざ話したり文章にしようと思うと、手が止まってしまってなかなか言葉が出てこない……ということはありませんか？

私も、そういうことはよくあります。そんなときは、「AIに聞いてみる」というのも一つの手です。

初めて生成AIを使ったときは、私もかなり驚きました。画面の向こうに人がいるのかと思うくらい、会話が成り立つし、自然な文章を書いてくれます。ときには、自分の書く文章よりも洗練されていて、思いもよらないアイディアが出てくることもあります。

そこで、何をどう文章にしたらよいのかわからないときは、とりあえずAIにメモに書いた内容を入力して、一度文章を出力してもらうと、「文章を書く手が止まってしまう」という悩みも解消しますし、かなりの時短にもなります。

とはいえ、現時点では、やはりAIの出力した文章はどこか機械っぽいといいますか、魂がこもっていないといいますか、なんとなく大切な何かが欠けているように感じられるんですよね。

それはおそらく、自分自身の体験や感情、考えが込められていないからなのだと思います。

他でもない「あなた」の体験や感情、考えを込めることで、他の人には語れない独自の視点や深みが加わり、表現に「あなたらしさ」がにじみ出ます。そして、単なる情報を伝える以上の特別な力、相手に共感や感動を与える力が宿ります。

なので、とりあえずAIで出力してみたら、それに対して「自分だったらもっとこうするのに」とツッコミを入れながら、自分のフィルターを通しリライトしていきましょう。

Tips05

相手に届く言葉を見つけるために

上手な言葉よりも「受け取りやすい言葉」で

「伝わる形」を作るだけにとどまらず、伝えるときには、相手に応じてどんな言葉を使うかを考えることも重要です。

たとえば、子ども用の教材について、子どもに紹介するのであれば「楽しさ」がわかる話をしますし、大人向けには「どれだけの効果があるのか」「価格に見合うか」などの話が必要でしょう。さらにご両親が忙しい場合は、親の負担があまりないことを話す必要があるかもしれません。伝える相手の違いを意識すると、自然と使う言葉が変わります。

また、民間企業を相手にサービス導入の商談をするのであれば、「このサービスを使うことでどれだけの効果があるか」「経費が節減できるか」といった話が必要ですが、相手が自治体などの公的機関の場合は、信頼されるような実績を挙げるとともに、純粋に公益のことを考えていることが伝わる言葉であったり、行政の方が使い慣れているであろう少し堅めの言葉を選ぶほうがよいこともあります（たとえば、普段はわかりやすく「パパ・ママ向けイベント」と表現していても、公的機関の場合、パパ・ママが保護者ではない家庭もあることを考えて「保護者向けイベント」に変更するなど）。ちょっとした違いですが、これだけでより相手が受け取りやすい言葉に変わり、相手の印象もよくなります。

そのような相手目線に立った言葉選びができるようになるためにも、普段のコミュニケーションから、相手がどんな言葉を使っているのか、どんな視点でものごとを見ているのかを意識しておくことが大事です。

「わかりやすさ」は相手によって違う

「相手がどんな言葉を使っているか」を意識するのには、もう一つ意味があります。

上手な伝え方の条件として、「わかりやすい」ことがよく挙げられますが、その「わかりやすさ」を判断するのは、自分ではなく「相手」だからです。

裁判所に勤めていたとき、ある友人が「上司と考え方が合わなくてものすごくストレスを感じる、もう仕事を辞めたい」と相談してきたことがありました。

理由を尋ねると、友人は企画書や報告書などはできるだけ専門用語を使わず、平易な言葉で書くことを心がけているのに対して、その上司は「平成○年○月○日付け、民事局長通達『民事事件の口頭弁論調書等の……』によると」のように、一つひとつを正確に表現することこそが「わかりやすい文章」だと思っているようで、いちいち直されるのがとてもつらいとのことでした。

どちらが正しいかはともかく、一口に「わかりやすい」といっても、「わかりやすさ」とは人それぞれ違うものなんだなと、すごくハッとさせられたのを覚えています。

ビジネスにおいては、一般的に、専門用語やカタカナ用語はあまり使わず、お客様にとって理解しやすい言葉を使うことが大事だといわれています。コピーライティングの先生に、「小学5年生が読んでもわかるような言葉で伝えましょう」と習ったこともあります。

でも、相手によっては、必ずしもやさしい言葉で書くことばかりが「わかりやすさ」ではないと思います。

実際、専門家の集まりでは、専門用語を使ったほうがむしろわかりやすい場合もありますし、特定のコミュニティ内のやりとりでは、そのコミュニティ独自の言葉を使ったほうが伝わりやすい、ということもあります。

私自身は、どちらかというと論理的に筋道立ててものごとを伝えるほうがわかりやすいし、相手も受け取りやすいはずだと思っていましたが、様々な受講者さんと接するうちに、意外とそうではない人もいることに気づきました。

たとえば、感覚やイメージでとらえることが得意なタイプの方にとっては、論理重視の伝え方は理屈っぽく感じ、それだけで耳がシャットアウトしてしまう、読む気すら起きないと言われたこともあります。そのような方には、具体例を多く使ったり、五感に訴えるようなオノマトペやセリフを多めに使うなど、伝わりやすくなるよう工夫しました。

求められている「正解」を一生懸命探さなくていい

ところで、相手に伝える流れも伝える言葉もおおむね決まったはずなのに、「こんなことを言って変に思われないか……」と思ってなかなか伝えられない、提出できない、なんてことはありませんか？

これはまさに過去の私なのですが、ある程度整理はできているのに自信を持って伝えられないという場合、そもそも相手から求められていることがクリアでない、あるいは、相手から求められていることに対してちゃんと「正解」になっているかどうかを気にしている、ということが多い気がします。

私が英語を教える仕事をしていて感じるのが、こうした日本人特有のコミュニケーションの傾向です。質問されたら、その意図を自分なりに察して、「正解」らしきものを投げようとする。いわば「当たり」か「はずれ」かのストラックアウトのようなものです。だから、返事を投げるまでにやたら時間もかかります。

一方、英語を話す人とやりとりしていると、求められるのはまず「返事」です。とにかく思いついたことをなんでもいいから投げ返して、足りない情報があれば何度も質問し合って、だんだんクリアにしていく。まさにキャッチボールのイメージです。

もし「これでいいのかな？」「合っているのかな？」と不安に感じるのなら、その気持ちごと言語化して、そのまま相手に伝えてみればいいのです。会話のやりとりをしていくなかで、相手が求めていることが明確になったり、それに対する考えが整理されたりして、自信を持って伝えられるようになっていきます。

世の中の大半のことには「正解」がありません。私たちが仕事や日常生活で求められているのは、多くの場合、**「正解」ではなく有意義な「コミュニケーション」ではないでしょうか。**

不安なことは「不安だ」と、わからないことは「わからない」と伝えることも、立派なコミュニケーションといえます。

どんなときも「感謝の気持ち」を忘れずに

最後に、これは主に文章の場合になりますが、「感謝の言葉」を特に大事にしましょう。

以前、一緒に仕事をしていたシステムエンジニアの男性は、会って話すと非常に優しく穏やかな印象でした。本当によい人であることは間違いないのですが、チャットやメールでやりとりするときには、なぜかその人がものすごく上から目線のように感じられてしまうのです。

そんな人ではないと頭ではわかっているはずなのですが、それでも、何か常に下に見られているようなストレスを感じ、結局、プロジェクトが一段落したところで疎遠になってしまったということがありました。

なぜ自分はそんなふうに感じてしまったんだろう?と思って、改めてそのときのやりとりを見返してみると、**彼の文章には「ありがとう」の言葉がまったくなかったということに気づきました。**

こちらの厚意に対して何の反応もなく、当然のように話を次に進める。こちらに改善点があるときは、何の前置きもクッションもなくグサッと指摘する――もちろん、悪気はなく、文章になると用件のみを端的に伝えるタイプの方だったのだと思います。

この章で一貫してお伝えしてきたように、いくら「相手目線が大事!」と思っていても、やはり文章というのは自分一人で紙やパソコンに向かって書くものです。相手の反応をリアルタイムに感じることもできないので、どうしても意図しない形で受け取られてしまうこともあります。

そんな文章コミュニケーションを円滑に進めるためには、とにかく**「感謝の言葉」を「いろいろな形でたくさん使う」**ことが大事です。

コミュニケーションでは、文章に限らず相手に感謝の気持ちを伝えることはもちろん大切ですが、文章の場合は特に、感謝の気持ちを2〜3倍に膨らませて、いちいち具体的に伝えるくらいがちょうどよいと思います。

「早速お返事いただき、ありがとうございます」

「企画の実現に向けてご尽力いただき、大変感謝しております」

「先日の○○の際には、お目にかかれてとても嬉しかったです。たくさんアドバイスをいただき、本当にありがとうございました」

……などなど、単なる「ありがとうございます」にとどまらず、できるだけ具体的な場面を思い浮かべて感謝を伝えてみてください。

そのように感謝の言葉を書こうとすると、自然と相手の顔や行動が思い浮かびます。それは、「相手目線で書く」「お互いの顔が見えるような感覚で書く」ということにもつながっていきます。

「そんなの社交辞令では？」と思われるかもしれませんが、最初はそれでもいいと思います。同じ相手に何度も感謝の言葉を伝えているうちに、言葉によって思考が変わり、「こうしていつも一緒に仕事をしてくださってありがたい」「自分のために時間を割いてくださってありがたい」と、本当に感謝の気持ちが生まれます。

相手への感謝の気持ちさえ持ち続けていれば、たいていのコミュニケーションはうまくいくものです。

おわりに
自分を知る第一歩は、1本線を引くことから

ここまでお読みいただき、本当にありがとうございます。

この本は、メモを使って頭の中の情報を整理するという、私がこれまで意識せず当たり前のようにやってきたことを、読者の方々にも伝わるよう「見える化」して、「言語化」して「わかりやすく伝える」ために書いたものです。

しかし、実はその一方で、心の奥底ではずっと不安やモヤモヤを抱えていました。この本の出版が正式に決まってからも、「私なんかが本を出して、どう思われるだろう？」「否定されたらヤダな……」と不安で、自信がなくて、実は半年くらいSNSの発信も始められませんでした。

そんなある日、私のコミュニティメンバーさんから、「雅代さんの親御さんは、どんな教育をする方だったか教えていただけませんか」というリクエストをいただき、親をテーマにしたトークライブをすることになりました。

意を決して、1本線メモに自分の幼少時代のことを書いていきました。自分の考えや気持ちをあれこれ書いているうちに、メモはA4のコピー用紙数十枚分にもなりました。

そうしているうちに、ふと、

「私って、なんでそんなに他人のことを怖がっているんだろう？」

という想いに至ったのです。

それはなぜだろうと深掘りしていくと、父の言葉に思い当たりました。

私の父は料理人で、夕方から夜の時間帯に料理店を自営していたこともあり、普段はあまり顔を合わせない生活をしていました。でもとても優しい人で、お店が休みの日には車でいろいろなところへ連れていってくれたり、一緒に遊んでくれたりもしました。私は、そんな優しい父が大好きでした。

その一方で、父はものすごく心配性でした。

私が外出して遅くなると、必ず「物騒だから」と言って、車で迎えに来てくれました。出かける前にはいつも、「玄関のカギは閉めたか？」「窓は大丈夫か？」「ガスの元栓は閉めたか？」と聞いてくれました。

他にも、「投資話は全部詐欺だと思ったほうがいいから、貯金しておきなさい」「男の人は狼だから、女性は気をつけないと」などなど……。

今となっては、すべては娘を心配する親の愛情から出た言葉だということがわかりますが、視野が狭かった当時の私は、「そんなに私って信用できないのかな？」と思ってしまったのです。

また無意識に「世の中って物騒なんだな」「他人は信用できないものなんだな」と思うようになり、それが暗いニュースや、自分が他人に受け入れられなかった数々の経験によって、強化されていったのかもしれません。

そのことに気づけたことで、

「いや、これまで優しくて親切にしてくれた人のほうが多かったじゃん」

「世の中は、思ったより怖くないよ」

「他人をもっと信頼してもいいんじゃない？」

と思えるようになり、少しずつ、自分の思ったことをそのまま相手に伝えることができるようになっていきました。おかげさまで、こうして本を出版することもできました（ちなみに、父にもこの話をして、「私、お父さんに信用されていないと思っていたんだよね〜。ごめんね〜（苦笑）」と伝えることができました）。

まさに**「自分を知る第一歩は、1本線を引くことから」**と実感しました。

ぜひ「1本線メモ」を活用して、あなた自身の想いをどんどん言葉にして伝えていただきたいです。あなたが感じたことや考えたことは、すべてあなたにとっての正解であり、すべて大事なことです。

自分の本当の想いが言葉にできるようになると、自分自身を理解できる安心感が得られるのはもちろん、他人の想いにも共感できるようになります。相手が感じたことや考えたことだって、すべて相手にとっての正解であり大事なことだというのがわかるからです（ただ自分の考えや気持ちとは「違う」だけ）。それをもっとお互い伝え合って、聞き合って、理解し合っていくことが、真の「コミュニケーション」なのではないでしょうか。

この本を出版するにあたり、サンマーク出版の多根由希絵さんには大変お世話になりました。いつも温かく著者として人として尊重してくださり、的確なフィードバックをくださったおかげで、この本を世に送り出すことができました。メモ術や裁判所についても知識が豊富で、本の制作に多大なお力添えをいただいた今村知子さんにも、大変感謝しております。

また、自分ではただの公務員くらいにしか思っていなかった裁判所書記官の経験を、価値あるスキルとして認め、出版にまで導いてくださった出版塾TACの長倉顕太さん、原田翔太さんには、感謝の気持ちでいっぱいです。行き詰まっているときに励ましてくださった、出版塾の仲間たち、サウンドイングリッシュのメンバーたちも、本当にありがとうございます。

そして何より、家族の日々の支えがあるからこそ、この本を執筆することができました。いつも私のやりたいことを全力で応援してくれる夫、2人の子どもたち、両親には、心から感謝の気持ちを伝えたいです。

最後に、この本によって、他人を尊重しつつ、自分の想いを自由に表現して才能を発揮する人が増えていくことを願っております。

2025年1月

佐野　雅代

佐野雅代（さの・まさよ）

元裁判所書記官。英語発音指導士。

神奈川県出身。上智大学法学部国際関係法学科卒業。裁判所書記官として、横浜地方裁判所の民事部にて年間約2000件の裁判に立ち会い、法廷内でのできごとを調書にまとめる仕事を行なう。「公証官」とも呼ばれる、いわば「国家が認めたメモのプロ」。

また、最高裁判所の秘書課で海外出張のサポート業務などをする中で、企画書やプレゼン資料、会議の議事録、世界各国の裁判所や大学へ提出する依頼文書や履歴書、司法制度に関する調査報告書、お礼状にいたるまで、書記官としての約12年間を通じて様々な種類の文章を作成する。

その後、2人の子育てをする中で、小さいうちから言葉の力を伸ばすことの重要性を実感、夫の大反対を乗り越え裁判所を退職し、一般社団法人国際英語音メンタリング振興会を設立。現在は、「音から言葉の力を伸ばす英語発音指導士」として、歌と絵本で学ぶ発音講座、おうち英語講座、英語の読み書き講座、女性のためのライティング講座などの運営や、講師の育成を行なっている。また、自治体や教育委員会の後援を受けて、親子イベントや保護者・教員向けセミナーなどを開催している。

無料コミュニティ　ことばのちから未来ラボ
https://lin.ee/3T9qjz7

インスタグラム　@memo_sanomasayo
Facebook　Masayo Sano
（英語関係）
ホームページ　https://se-mentoring.com/
インスタグラム　@hureaiouchieigo

その場で言語化できるメモ

2025年1月30日　初版発行
2025年4月20日　第2刷発行

著　者　佐野雅代
発行人　黒川精一
発行所　株式会社 サンマーク出版
〒169-0074 東京都新宿区北新宿2-21-1
電話　03(5348)7800
印　刷　株式会社暁印刷
製　本　株式会社村上製本所

ISBN978-4-7631-4193-4　C0030
https://www.sunmark.co.jp